# Reprint Publishing

*Für Menschen, die auf Originale stehen.*

www.reprintpublishing.com

DIE KUNST · SAMMLUNG ILLUSTRIERTER
MONOGRAPHIEN · HERAUSGEGEBEN VON
· RICHARD MUTHER ·

· SECHSUNDDREISSIGSTER BAND ·

AUBREY BEARDSLEY

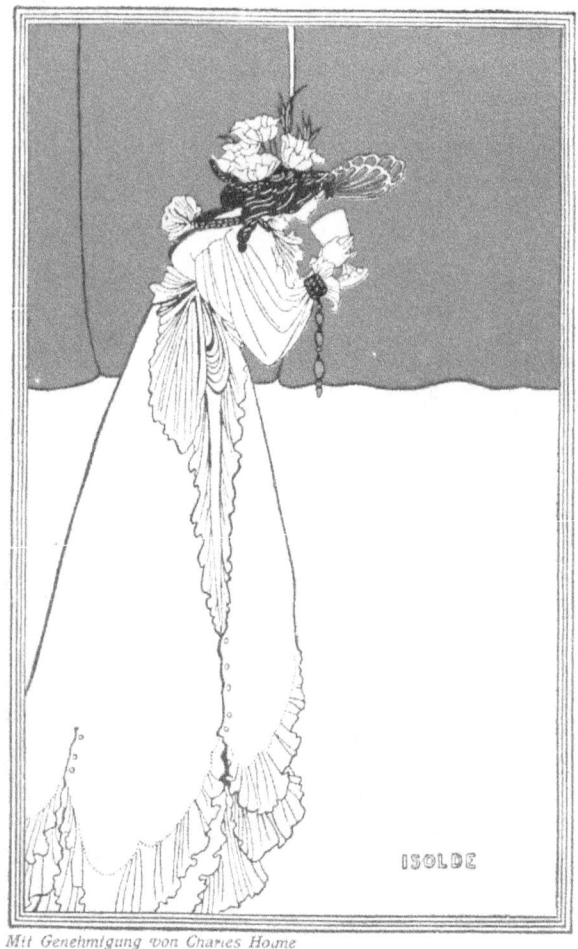

Mit Genehmigung von Charles Holme
ISOLDE

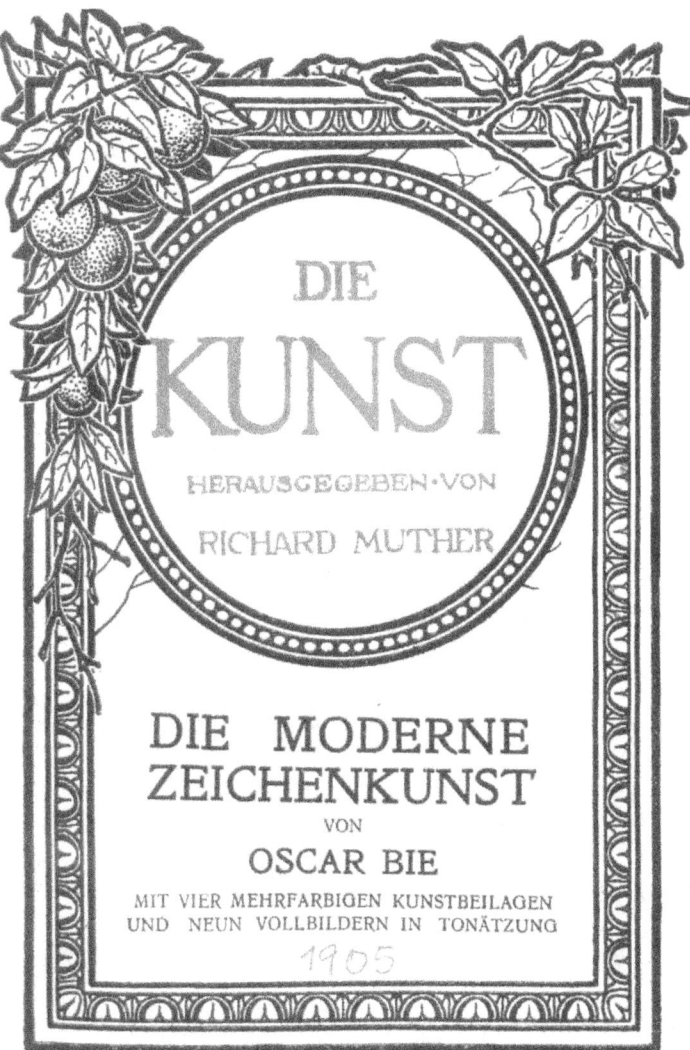

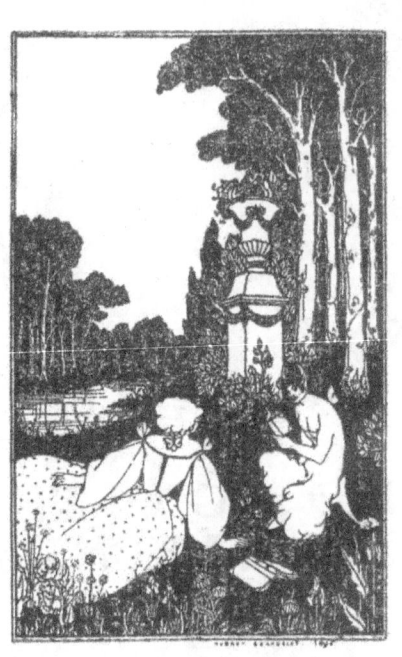

# MODERNE ZEICHENKUNST

MODERNE ZEICHNUNGEN BETRACHten wir mit einem viel lebhafteren Auge als die alten. Die alten sind für uns Studienmaterial geworden, Vorproben für die sogenannte große Kunst, wir sehen sie stets unter einem Vergleich mit Bildern an, wir empfinden ihnen gegenüber etwas Entwickelungsgeschichtliches. Das hört bei den modernen Zeichnungen auf, zunächst weil ihr Arbeitsgebiet ein sehr selbständiges Reich geworden ist und dann, weil dieses Reich so bunt ist, daß es scheint, wir hätten es mit einer ganz anderen Kunst zu tun wie bei den Alten — mit einer neu entdeckten Kunst.

Das Material der alten Zeichnungen bestand nur zum kleinsten Teile aus Blättern, denen schon der Künstler selbst eine eigene Bedeutung als fertiges Kunstwerk beilegte. Im allgemeinen waren es private Studien zu größeren Kompositionen, Proben auf Gruppierung oder Lichteffekte, und wenn dabei auch die Persönlichkeit des Künstlers oft stark sich bemerkbar machte, so war es doch niemals sein Bestreben gewesen, mit dieser Persönlichkeit gerade in der Zeichnung hervorzutreten. Wenn alte Künstler Zeichnungen einmal herausgeben, so geschieht es höchstens, um die Echtheit der auf ihren Namen laufenden Bilder kontrollieren zu lassen, niemals um sich als Zeichner vorzuführen. Zeichnen wurde gelehrt und geübt, stärker als heute, aber wenn Zeichnungen zum Vergnügen gesammelt sind, so ist dies stets später von Liebhabern geschehen, die aus modernen Interessen heraus sich für diese latente Kunst alter Tage ereiferten.

Heute ist es anders. Das Bestreben, Zeichner zum Schmuck aller Dinge des Lebens heranzuziehen, ist allmählich so gewachsen, daß wir ganze Illustratorenverbände und graphische Vereinigungen haben, wo früher das Illustrieren eines Buches nur eine Art Nebenbeschäftigung war, und daß wir eine sehr große Anzahl Künstler besitzen, die wohl mal mit der Malerei angefangen, sie aber dann ganz zugunsten des Zeichnens aufgegeben haben, das ihr einziger Lebensberuf geworden ist.

Wirtschaftliche Fragen sprechen hier deutlich mit. Schon alte deutsche Meister, wenn sie Bibeln, Titelblätter und Totentänze verzierten, trieben diese Dinge nicht so sehr aus innerem Drang als aus Beruf. In Deutschland, wo der Sinn für Malerei und große Bilderaufträge immer eine Ausnahme bedeuten, bestand die Hälfte, sogar die bessere Hälfte aller künstlerischen Arbeit in der Kleinkunst, in reproduktiven Künsten, Holzschnitt, Kupferstich, Illustration, Zeichnung. Ein Italiener machte einen Kupferstich fast nur als Nachbildung berühmter Gemälde, ein Deutscher entwarf ihn eher selbständig und brachte seine Idee gleich für die Vervielfältigung auf den Markt. Italienische Künstler hatten ebensoviel Bilderaufträge für Kirchen und Gemeinden, als deutsche Künstler Mappen von gestochenen oder geschnittenen Passionen, Alle-

## TECHNISCHES

gorien, Tänzen herausgaben. Dies ist schon in alten Zeiten ein wesentlicher Unterschied des Kunstbetriebes im Norden und im Süden, und heute ist die Art des damaligen Deutschlands in demselben Grade allgemeine künstlerische Arbeit geworden, wie sich überhaupt unsere Kunstverhältnisse nicht aus der Renaissance, sondern aus dem bürgerlichen Norden weiter entwickelt haben. Derselbe Grund, der schon die alten Deutschen zu ihren Illustrations- und cyklischen Blättern trieb, wird jetzt für eine immer größere Anzahl von Künstlern maßgebend, als Zeichner aufzutreten: der populäre und gewinnbringende Beruf.

Beispiele aus unserer nächsten Nähe beweisen es. Auf der letzten Pariser Weltausstellung wurde ein Mann als hervorragender Maler vorgeführt, von dessen Malerei zu seinen Lebzeiten wenige wußten, während sein Ruf als Zeichner und Karikaturist die Welt durchdrang: Daumier. Dieser Künstler hat offenbar sein großes und ausgeprägt malerisches Talent nicht fruchtbar machen können, weil ihm die Mittel, sich durchzusetzen, fehlten, und so hat er sich als Zeichner anstellen lassen, mußte die gesamte Zeitgeschichte und alle Pariser lokalen Ereignisse persiflieren, während seine paar Bilder bei guten Freunden hingen, um nach seinem Tode uns den Maler Daumier entdecken zu lassen, für den der Zeichner erst Interesse geweckt hatte. Caran d'Ache, der berühmteste jetzt lebende Pariser Karikaturist, hat keine anderen Erfahrungen: auch von ihm sollen Gemälde den Zeitpunkt abwarten, wo der Zeichner beliebt genug ist, um für den Maler Interesse zu erwecken. Von Forain, von Vallotton kommen jetzt mehr und mehr Bilder zum Vorschein, die, auf den Ruhm des Zeichners gestützt, ihr Publikum finden wollen. War es bei unserem Thomas Theodor Heine anders? Man erinnert sich seiner ersten Bilder, Portraits und Landschaften, oft ohne jeden stilisierenden oder persiflierenden Beigeschmack; heute taucht nur noch selten eine kleine feine Landschaft von ihm auf, die dieselbe Originalität der Auffassung verrät wie seine Zeichnungen, aber lange nicht dem gleichen Interesse begegnet. Die Zahl der Maler, die Zeichner geworden sind, ist in unserem Jahrhundert sehr bedeutend, und es ist jetzt nicht mehr bloß Deutschland, sondern in der ganzen Welt ist die Häufigkeit dieser Verschiebung zu beobachten, die aus Berufsgründen hervorgeht, wenn sie auch deswegen nicht immer unkünstlerisch zu endigen braucht. Aus älteren Tagen ist unser Ludwig Richter ein sehr bekanntes Beispiel. Er begann mit allerlei Landschaften, in denen er viel romanische Schule und wenig heimatliches Gefühl zeigte, und er endigte als der beliebteste deutsche Zeichner, der zwar niemals einen besonders originellen Stift führte, aber den deutschen Ton kleiner bürgerlicher Kreise offenbar ausgezeichnet traf. Nicht jeder hat die Kraft wie Menzel, trotz aller Anforderungen der Zeichenkunst Maler zu bleiben. Gerade, weil Menzels Natur eine wesentlich kühl betrachtende, objektive ist und sein Geist, selbst wenn er von Gemütsanregungen angefeuert wird, es nicht einmal merkt, konnte er diese wunderbare Vereinigung von Zeichen- und Malkunst durchführen, die sich sonst niemals so geschwisterlich treffen und behaupten. Zwischen Menzels Zeichnungen und Malereien ist kein

VALLOTTON

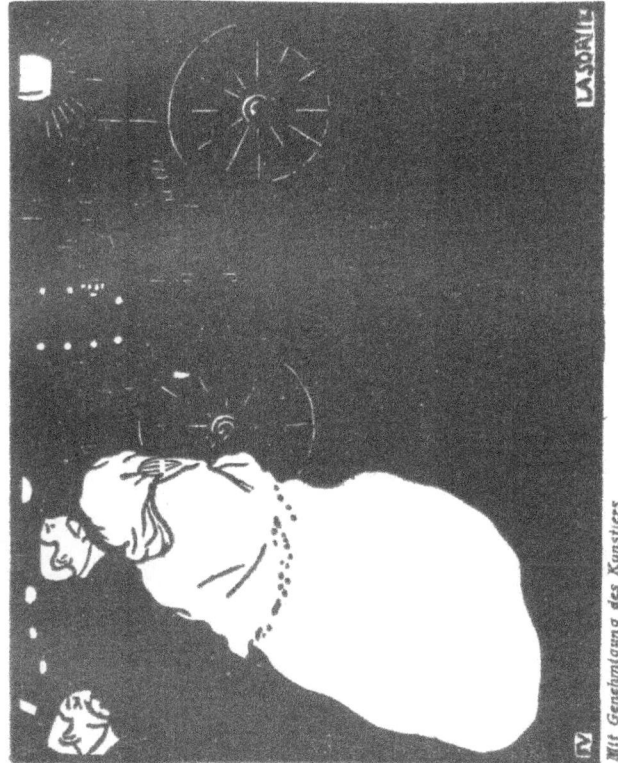

LA SORTIE

## TECHNISCHES

prinzipieller durchgreifender Unterschied, die Zeichnungen sind manchmal unfarbige Malereien und die Bilder mitunter farbige Zeichnungen, aber seine Objektivität hat ihn dazu gebracht, auf Zeichnungen, fast ohne sein Bewusstsein, Dinge vorwegzunehmen, aus denen spätere Künstler ganze Lebensinhalte bestritten. Ich spreche nicht von seinen Lithographien, die ja sehr malerisch gedacht sind, oder den Illustrationen zum Zerbrochenen Krug, die in der Komposition eine unheimliche Eleganz verraten, sondern von jenen bald größeren, bald kleineren Blättern und Vignetten, die er zu der Kuglerschen Geschichte Friedrichs des Großen und zu den Werken des Königs selbst erdichtete, und wo er oft in der Art, wie ein Rokokotor stilisiert wird, oder wie er den Rhythmus der Sanssouci-Anlagen zeichnet, einen Geist entwickelt, der um so mehr überraschen mußte, als eine gewisse deutsche Philistrosität vollkommen fehlte. Wenn man die zahllosen Studien Menzels durchsieht, die die Berliner Nationalgalerie verwahrt, diese vielfachen Zeichnungen von Büsten nach allen Seiten, die Kopien alter Bilder mit eingeschriebenen Farben, die tausend Kleinigkeiten der Rüstung und Bekleidung, so erwartet man nicht diese gänzliche Freiheit der Anschauung, die dann auf den fertigen Blättern ebenso wie auf den Fridericianischen Bildern anzutreffen ist. Es hat bisher in Deutschland keinen Zeichner gegeben, der zugleich so gelehrt und so frei wäre, so akademisch einwandfrei und doch so unphiliströs. Die meisten ernähren sich jetzt von einem Stil, den sie sich angewöhnt haben und den sie mit großem Genie entwickeln, Menzel hat den Stil nur aus dem Stoff entwickelt und doch mehr Stilarten geschaffen, als es moderne Zeichner gibt.

Das Betätigungsfeld der modernen Zeichner erstreckt sich sehr weit, über alle Dinge, die durch den Aufschwung der reproduktiven Gattungen und technischen Verfahren künstlerisch sich zu schmücken imstande waren. Eine deutliche Entwickelung ist insofern wahrzunehmen, als auch hier, wie bei aller modernen Kunst, Zweckstile sich herausbilden, die je nach der betreffenden Aufgabe verschiedene Charaktere zeigen. Der Zeichenstil individualisiert sich so, wie er es bisher nicht hatte erreichen können. Wenn auch früher schon Persönlichkeiten im Zeichnen sich deutlich geltend machten, wenn die Art, wie Raffael eine Madonna skizziert und Rembrandt eine heilige Szene entwirft, ganz das Eigentum dieser Künstler war, so lag doch über bestimmten Epochen ein bestimmter Stil, dem sich auch der einzelne nicht ganz entziehen konnte. Die Art, wie im Rom des sechzehnten Jahrhunderts oder in den Niederlanden des siebzehnten Jahrhunderts gezeichnet wurde, bedeutete eine gemeinsame künstlerische Anschauung, die wieder von einer anderen gemeinsamen Anschauung abgelöst wird. Die Unterschiede zwischen den Epochen sind grösser als die zwischen den Künstlern, so wie es ja auch in der Architektur und im Gewerbe zu beobachten ist. Heutzutage steht es genau umgekehrt. Die Unterschiede zwischen Pariser und Berliner und Londoner Zeichnern bestehen in den Persönlichkeiten, nicht in den Klimaten. Es gibt in allen Städten aller Länder Zeichner, die sich sehr ähnlich sind, und es gibt in einer einzigen Stadt Zeichner, die in ihrer Ausdrucksweise nichts mit-

# TECHNISCHES

einander gemeinsam haben. Vallotton, Raffaeli und Forain leben nebeneinander in Paris, so verschieden sie arbeiten, aber es gibt in Deutschland wiederum Künstler, die diesen sehr verwandt sind. Die künstlerische Ausdrucksweise ist ja überhaupt seit dem siebzehnten und achtzehnten Jahrhundert langsam internationaler geworden und gleichzeitig wieder persönlicher. Diese Gegensätze sind eingetreten für die früheren Gegensätze, die rein klimatischer Natur waren, und das Klimatische wird in Zukunft noch mehr absterben.

Wenn man die Geschichte der deutschen Zeichnung in den letzten Jahrzehnten überblickt, so sieht man den Eintritt dieser technischen Stile in die alte Überlieferung. Hosemann, Burger und andere zeichneten noch alle Aufgaben, die ihnen gestellt wurden, in derselben Art aus, immer mit den kleinen spaßigen Figuren, die sie auf Bücher, Menüs, Einladungen in gleicher Weise setzten. Menzel erhebt sich sofort über sie, indem er aus dem Stoffe das Motiv entwickelt, bei einer Einladung mit dem Motiv der Tafel und der Treppe, bei einem Personenverzeichnis mit dem Motiv des Publikums und des Kronleuchters operiert. Die Stoffe geben ihm den Rhythmus. Die Neueren gehen einen Schritt weiter, indem sie sich auch von der Technik anregen lassen. Ein Wandkalender von Leistikow zeigt den Effekt märkischer Seen mit Booten und Föhrenstämmen, zwischen denen eine Brüstung mit dem Kalender selbst gefüllt ist, in wenigen geschickt gewählten Farben, die der Buntdruck gestattet. Das Ganze ist stilisiert, die Föhrenzweige nur in ihren Hauptformen gebildet, Waldrücken, Segelboot, Spiegelung, alles ist wie im Ornament gesehen, das den Kalender umrahmt. Da alle diese kleinen Aufgaben wesentlich dekorativer Natur sind, so wird jeder Realismus vermieden, und selbst Figuren und Naturszenen müssen sich eine Stilisierung gefallen lassen, die ihnen etwas Ornamentales gibt. Man kann das in allerlei Gebieten verfolgen. Vor einem Jahrzehnt, als noch die Sitte bestand, mit den Architekturstilen eine Maskerade zu treiben, übertrug sich dieser Scherz auch auf die Einladungskarten, die man zu geselligen Abenden ausschickte. Paul Meyerheim, einer der witzigsten der Berliner Gesellschaft, zeichnete allerlei hieroglyphische oder keilschriftliche Scherze in rebusartiger Form, die heute schon das Interesse einer antiquarischen Sehenswürdigkeit haben. Wer heute vornehm einladen will, tut dies allein mit gutem Papier und anständigen Buchstaben; in besonders lustigen Fällen mag eine Figur gestattet sein; ein kleines vegetabilisches Ornament schadet auch nicht viel. Man verschmäht es vor allem, die Einladungskarte zu unnützen Spielereien zu benutzen. Wenn ein feiner Kunstsalon uns zur Besichtigung einer neuen Ausstellung einladet, wird er vielleicht ein kleines Extrakunstwerk des Druckes beigeben (so sind die Beilagen von Schulte in Berlin in letzter Zeit wirkliche Gravürenkunstwerke geworden), aber die Einladung selbst wird am besten durch Papier und Druck hervorstechen, nicht durch Bildliches. Natürlich läßt sich da keine Regel aufstellen, doch darf man annehmen, daß ein guter Geschmack nur aus der betreffenden Aufgabe und dem betreffenden Material die dekorative Wirkung entwickeln wird, nicht aus fernliegen-

## TECHNISCHES

den Motiven. Eines der besten Pariser Metallkunstgeschäfte, die Maison Fontaine, hat seine Firmenkarte nur mit wenigen guten Lettern bedrucken lassen: serrurerie décorative — styles anciens — essais modernes (wie hübsch ist dieses essais!) und als einzigen Schmuck das Profilstück eines Weibes nach Charpentier, das wie dessen leichte Zinnplaketten hier in Pappe als zartes Relief durchgepreßt ist.

Ein ähnlich charakteristisches Gebiet sind die Briefbogen. Nur der Adel machte sofort von dem dekorativen Reiz Gebrauch, den der einzelne kouvertierte Bogen hatte im Gegensatz zum älteren gefalteten Briefe. Die Bürgerlichen kamen nach, als die Renaissancebewegung von München aus den dekorativen Sinn unter den Deutschen hob. Einer der frühesten war Friedrich Schneider in Mainz, für den der bekannte Münchener Radierer Peter Halm die Briefbogen entwarf. Die ersten waren aus Büttenpapier und mit einer regulären Ansicht von Mainz geschmückt, an deren Stelle später eine Art Ex libris mit einem Kreuz trat. So langsam brach sich die Erkenntnis Bahn, daß die Schmuckzeichnung auf einem Briefbogen nicht eine Vedute, sondern ein Wappen sein müsse. Das Publikum wollte nur ungern an diese Einfachheit sich gewöhnen. Man sieht selbst in den besseren Papierläden heute noch die grassierenden Moden der Wedgwood-Bogen, wo ein bestimmter antikisierender englischer Porzellanstil auf Schreibpapier „imitiert" wird, oder die furchtbaren Mißverständnisse der geschwungenen „modernen" Linie, die die Ränder des Bogens in barocke Fontänebassins verwandelt und auf violettem Papier über grünen Stengeln rote sehnsuchtsvolle Lilien aufsteigen läßt. Diese Zeichner haben nicht verstanden, daß ein Briefbogen zum Schreiben ist und als einziges Schmuckstück ein schönes Monogramm oder ein paar lapidare Buchstaben oder ein Wappen in zierlichen buntem Preßdruck aufzuweisen haben soll. So zeichnen die Briefbogen unsere ersten Ornamentiker, wie es Eckmann tat. Das weisse oder blaue Papier mit einem Eckmannschen Monogramm schlägt alle die verzwickten Anstrengungen geschmackloser Zeichner, dem Publikum aus dem Briefbogen ein Pflanzentheater machen zu wollen.

Bei dieser Gelegenheit soll erwähnt werden, daß gerade die Zeichnung von Monogrammen und Signaturen heute zu einem kleinen Kunstzweig geworden ist und daß mitunter ein ganz persönlicher Geist sich im Entwerfen dieser Dinge zu erkennen gibt. Schon Eckmann hat Verlegermarken und Monogramme gezeichnet, die als kleine, geschlossene Kunstwerke alle die Anforderungen erfüllen, die man an dieses private Plakat stellen kann. Der aparteste aber scheint George Auriol zu sein, der für eine Reihe Pariser Notabilitäten und Firmen die Marken entworfen hat, so eigenartig, wie man es bisher wohl nicht gewohnt war. Wie er bei der Firma Ernest Flammarion das E und F zu einer Art Mondsichel verbindet, aus dem Monogramm von Fräulein Jeannine Chennevière ein zierliches Buchstabentänzchen macht, für Henri Rivière den Effekt ausgesparter weisser Buchstaben ersinnt, der mit seiner Silhouettenkunst so verwandt ist, aus den Lettern eines Japaners eine Art japanisches Tor mit dem Fujiberg entwickelt, das Monogramm des Eugène Bégot wie

## TECHNISCHES

ein Cursivsignum gestaltet, aus Octave Mirbeaus Initialen eine auf dem Zweig sitzende Eule entstehen läßt — das ist eine neue individuelle Monogrammkunst, und doch hat sie stets die gemeinsame Grundlage eines technischen Stils, der aus dem Druck, aus dem Stempel und Petschaft, aus den Bedingungen der Prägung die Form hernimmt. Auch hier dieselbe Entwickelung. Einst wurde auf das Petschaft eine antike Gemme gesetzt, das Bild eines kühnen Viergespanns oder der Kopf einer sicilianischen Flußgöttin, oder man ahmte die aristokratische Sitte des Familienwappens nach — heute hat sich das Bürgertum aus dem Persönlichen und aus dem Technischen heraus eine neue Kunst gebildet und das Monogramm, das einst nur die schablonenhafte, meist in Rokoko gehaltene Verschlingung der Lettern war, sei es auf die reine Typenwirkung hin, sei es auf aktuelle Ideenverbindungen, zu einer wunderbaren Aufgabe für geistreiche Zeichner belebt.

Wie weit sich die Tätigkeit der modernen Zeichner erstreckt, hat die von allen beobachtete Entwickelung der Postkarte gezeigt. Man hatte schon frühzeitig bemerkt, daß sich die kleine Fläche der Karte besonders für landschaftliche Erinnerungsmotive vorzüglich eignet, und hatte Kompositionen von Landschaften in Buntdruck darauf gesetzt, die mosaikartig zusammengefügt waren in denselben häßlichen Farben wie etwa die Düsseldorfer Geschäftsreklame von Kaspar Scheuren. Man kennt diese schlechten Zeichnungen heute noch von den Zigarrenkisten, die aller modernen Bewegung entgegen und unbehindert durch gute Plakate, die ihre Ware verkündigen, ihre Bilder im kindlichen Stil der ersten Buntdrucke belassen, so wie Tortenpapiere und Konfitüreneinlagen heut noch sogar mit den Ornamenten der Renaissance arbeiten. Wenn man sich den Wirkungskreis des modernen dekorativen Aufschwungs besieht, so stimmt es nicht immer, daß diejenigen Gegenstände dabei zurückbleiben, die vom Menschen irgendwie stiefmütterlich behandelt werden. Von einem einzigen Tischlerwerke kann man es sagen, wenn der Vergleich gestattet ist, von den Särgen, die aus einem ganz natürlichen Grunde, um in jedem Falle eine Koketterie mit der Mode auszuschließen, im alten Stil fortgearbeitet werden. Aber bei den Zigarrenkisten kann man es nicht sagen. Sie sind Kinder des Luxus und von dem Duft der Kultur umgeben, die der Mode nicht nur freundlich ist, sondern ihr sogar huldigt. Unsere Zigarrenbilder sind läppisch und von Leuten gezeichnet, die weder in unserer Zeit leben noch den Geschmack des alten Stils besitzen. Man wird sich die Etiketten der schönen Curaçao- und Benediktinerflaschen gefallen lassen, die mit einer gewissen Vornehmheit und einem gewissen patriarchalischen Stolze erfunden sind; man wird seine Freude haben an der alten charaktervollen Schrift auf den Etiketten einiger Danziger Spirituosen oder des Kölnischen Wassers, aber man wird die Ausstattung einer Zigarrenkiste verurteilen, die mit Bonbonfarben einen Havannaduft darstellen und mit einem rotwangigen Porträt den Patron einer echten Marke verherrlichen will. Warum benutzt man nicht einfach dekorative Entwürfe, wie die drei Reiher Eckmanns? Die Postkarte hat von allen diesen kleinen Dingen entschieden das meiste Glück gehabt. Die bunten Mosaikveduten sind verschwunden, einfachsten Falls treffen wir Photographien, die leider oft durch einen hineinretouchierten Mond entstellt sind, besten Falls aber bewundern wir wahre Kunstwerke, die auf schmalem Raume einen Reichtum an Witz und Laune hergeben. Die schlechtesten Karten stellt heute der deutsche Staat her, der schon im Entwurf der Freimarken wenig Geschmack und Erziehungssinn bewiesen hat, während Frankreich sehr glücklich die graziöse Figur Roty's von den Münzen auf die Marken übertrug. Die Jubiläumspostkarte für 1900 war so ziemlich der größte Mißgriff, der bisher auf dem Gebiete der postalischen Kunst zu verzeichnen war. Dagegen haben sich mit großem Erfolg erste deutsche Zeichner der fruchtbaren Aufgabe angenommen, und vornehmlich Karlsruher Künstler sind mit einer ganzen Anzahl vorzüglicher Karten hervorgetreten. Volkmanns Neujahrskarten mit den „Luftschlössern", dem Pierrot und den Schweinen, den Giraffen, die sich zu dem G des Wortes Glückwunsch so hingezogen fühlen, daß sie in einer spaßigen Linie ihres Halses die Verwandtschaft ihres Körperbaues mit besagtem Buchstaben dartun, diese feinerdachten Kompositionen haben die Blümchen-Neujahrskarten abzulösen begonnen, die heute nur noch für die Domestiken an den Ecken der Vorstadtstraßen verkauft werden.

Bei allen diesen Vorgängen beobachtet man denselben Prozeß. Das Stoffliche in der Zeichnung verschwindet zugunsten eines Vortrages, der persönlicher Anschauung entspringt und aus den technischen Mitteln seinen Charakter entwickelt. Wie es der Unterschied moderner Malerei zu den alten Schulen ist, daß sie immer mehr die persönliche Anschauung gegenüber der rein materiellen Schilderung betont, so ist auch die Zeichnung heute ein Mittel geworden, die Gegenstände selbst in ihre Wiedergabe, den Stoff in das Mittel seiner Darstellung, den Vorgang in ein Motiv, die Komposition in eine Einheit von Linie, Farbe oder Rhythmus aufgehen zu lassen. Statt einer Versammlung von Menschen gibt der moderne Zeichner das Motiv gleichbewegter Körpermassen, statt einer Vedute das Motiv Sonne und Schatten, statt eines Buchstabens das Spiel mit ihm und statt eines Porträts ein Wappen. Er führt reiche Associationen herauf, weil er stets den nackten Stoff vermeidet und irgend eine Nuance, irgend ein Stückchen seines Wesens oder das Spiel des Lichtes über seine Flächen zum Inhalt seiner künstlerischen Darstellung macht. Er vermeidet episch zu schildern, wie es die alte Schule gern tat, die so viel und eifrig zu erzählen wußte, er ist lyrischer, geschlossener, weil er von dem Augenblick des Sehens ausgeht und ein Motiv dieses Sehens allen Weitläufigkeiten und Detaillierungen vorzieht. Was früher oft nur als Skizze galt, dieses erste Auftauchen einer künstlerischen Vision unter den Merkmalen, die sie dem Autor interessant machen, das ist heute zur selbständigen Gattung geworden, wobei man wohl weiß, daß dies der Prozeß aller Kunstentwickelung ist, von der Improvisation her die neuen Dinge zu finden, die Skizze zur Kunst zu formen, ein vorbereitendes Stadium zu einem selbständigen zu machen und die Frische erster Eindrücke in Ausdruck zu wandeln. Nicht in das weitere „Ausführen" hinein entwickelt sich

## TECHNISCHES

die Kunst, sondern im Gegenteil in das vor der Ausführung Liegende, in die Conception des Werkes. Wie früher die impressionistische Technik ein Anfang der Arbeit war, die heute das Ende ist, wie das Untermalen ein erstes Stadium war, das heute oft mit Bewußtsein als fertiger Zustand belassen wird, so ist die Beleuchtungsskizze, die ein Rembrandt machte, die Strichzeichnung eines Watteau, die Ölstudie eines Salvator Rosa heute richtige Kunstgattung, volles Ausdrucksmaterial, und die schön ausgeführten Zeichnungen des Carracci sind nur Muster für epigonenhafte Nachahmer geworden. Stets liegt das Neue in der weiteren Abwendung vom Stoffe selbst, in der Entmaterialisierung dieses Stoffes, und noch immer scheinen die fruchtbaren Phasen der Empfängnis eines Kunstwerkes reich genug, um daraus ungeahnte und fortwirkende Vortragsarten entwickeln zu können.

Schon hieraus ergibt sich die reiche Mannigfaltigkeit an Ausdrucksarten, die der modernen Zeichnung zukommt. Je nach Anlage beschränkt sich der Zeichner auf eine bestimmte Manier, die er nach allen Seiten hin ausarbeitet, so wie es vordem Rembrandt tat, oder er phantasiert über das Leben, wie Lionardo in seinen Grotesken, oder wie Michelangelo findet er den verschiedenen Stoffen gegenüber verschiedene Gattungen des Vortrages. Alles Schulmäßige wird möglichst abgestreift, die alten Lehren der Schraffierung und Strichelung scheinen nur für Anfänger oder solche, die es bleiben wollen, vorhanden zu sein, man hat tausend Möglichkeiten, die Dinge auf Schatten, auf Linien, auf Farben zu zeichnen, und jeder geistreiche Kopf fügt eine neue Art hinzu. Den verhältnismäßig geringen Arbeitsgebieten gegenüber, über die die alte Zeichnung verfügte, hat sich heute der Absatz bedeutend vermehrt. Früher zeichnete man fürs Vorstudium oder für eine Reproduktion, und so mannigfaltig die Techniken der Vorstudien waren, so beschränkt waren die Reproduktionsverfahren, die außerhalb der vornehmen Radierung sowohl im Holzschnitt wie im Stich einfache Linienzeichnung verlangten und der Farbe nur selten den Zutritt gestatteten. Die Mappen der modernen Zeichner sind vielseitiger geworden. Man kann die Arten der privaten Skizze, der öffentlichen Zeichnung sowohl in Schwarz wie als Vorlage für farbige Reproduktionen unterscheiden. Die Skizze, natürlich in der ganzen Ausdehnung der technischen Möglichkeiten wie einst, wird von dem Künstler nicht unter dem Gesichtspunkt der Publikation geschaffen, wenn sie auch vielfach später gerade in ihrer leichten Form dazu reizt, gedruckt und vervielfältigt zu werden. Fast von allen unseren grossen Künstlern erscheinen solche Skizzenmappen, die uns in die privatesten Stunden ihres Ateliers führen, ihre Arbeitsweise klarlegen und doch durch die Ungeniertheit ihres Negligés einen unverhofften künstlerischen Genuß gewähren. Das zweite Stadium, die als vollendete Zeichnungen herausgegebenen und als öffentliche Zeichnungen gleich hergestellten Blätter ist verantwortlicher. In diesem Falle behandelt der Künstler, wie es Sattler in seiner Parodie auf den Krieg der Alten und Jungen tat, ein Thema in einem Cyklus von Zeichnungen, oder er illustriert, wie es derselbe Sattler mit dem schönen Werk über rhei-

## TECHNISCHES

nische Städtekultur tat, fortlaufend einen Text, oder er sammelt schliesslich nur eine Anzahl von Blättern, die stilistisch zusammengehören und wie alle die Mappen, die Forain, Thöny, Recnizek herausgeben, ein deutliches Bild seiner Persönlichkeit liefern. Eine besondere Gattung dieser gleich für Reproduktion gearbeiteten Blätter sind die Buntdrucke, die bei ihrer heutigen technischen Vollendung stärker denn je auf die Manier, sich auszudrücken, wirkten. So wie Vallotton und Sattler aus den Bedingungen des Holzschnitts ihren Zeichnungsvortrag entwickelten, lassen sich die besten unserer Künstler auch durch den Buntdruck dazu anregen, ihre Stoffe gleich auf diese Wirkung hin zu sehen. Die Gleichmäßigkeit früherer in Strichmanier gehaltener Stiche und Holzschnitte ist heute verschwunden. Nachdem der Holzschnitt eine Zeitlang versucht hatte, zur malerischen, tonigen Wirkung abzuschwenken, hat er sich jetzt darauf besonnen, daß er seiner Natur nach weder mit bloßen Strichen, noch mit bloßen Tönen arbeiten darf, sondern die starken Kontrastwirkungen heller und dunkler Flächen seinem Vortragsstil zugrunde zu legen hat, wie es bei Vallotton der Fall ist, und daß sich das auch nicht ändern darf, wenn die Farbe hinzutritt, wie es der Engländer Nicholson so vorzüglich versteht. Und ebenso hat die frühere Verwechselung von Gemälde und farbigen Drucken, die keine andere Sehnsucht hatten, als wie ein Bild auszusehen, zugunsten der scharfen Scheidung dieser Gebiete aufgehört. Der Buntdruck n a c h einem Bild, wie ihn unsere Kunstvereine vielfach betreiben, unterscheidet sich heute von dem Buntdruck a l s Bild. Der

Buntdruck als Bild, wenn er in der Hand von Künstlern liegt, wird gerade alles vermeiden, was an eine Gemäldewirkung erinnert, und sofort auf den Druck hinarbeiten. Der Druck ist hier kein Surrogat mehr, sondern Selbstzweck. Der Künstler macht sich einen Reiz daraus, mit drei oder sechs Farben, je nachdem gedruckt werden soll, den bunten Eindruck hervorzurufen, indem er einen koloristischen Stil entwickelt, der mit Abstraktionen arbeitet, wie der geistreiche Zeichner in seinen Linien es tut. In den Beziehungen der Farbe, in ihren Mischungen und wieder in ihren Nichtmischungen, in der kühnen Nebeneinandersetzung plakatartig wirkender Töne sucht er einen farblichen Zeichenstil auszubilden, der mit dem Geist der Druckmaschine denkt. Zu der künstlerischen Intelligenz der Strichdrucke ist die Intelligenz der Farbwalze getreten, und die Technik hat der Kunst geholfen, zugleich praktisch und geistreich sich ausdrücken zu dürfen. Ähnlich wie auf wirtschaftlichem Gebiete durch die Entwickelung der Maschine die Erfindung neuer Produktionsarten gefördert wurde, hat die Industrie der Kunst dem Künstler, der nach persönlichen Ausdrucksmöglichkeiten suchte, eine vortreffliche Anregung gegeben, und gerade weil hier zwei so fruchtbare Triebkräfte modernen Lebens, die Industrie und die Persönlichkeit, sich einmal treffen, haben wir wirklich ein bemerkenswertes und für unsere Tage ruhmvolles Resultat erzielt.

Der Großbetrieb der Vervielfältigungen, den frühere Zeiten in diesem Umfange nicht kannten, hat nicht nur viele Maler dazu bestimmt, ihren ganzen Beruf im Zeichnen und Entwerfen der Vorlagen zu finden, sondern hat

*Mit Genehmigung des Künstlers*

WALDSEE AM ABEND

## TECHNISCHES

auch auf diese Kunst selbst einen starken Einfluß ausgeübt. Da alles, was heute gezeichnet wird, reproduziert wird oder sicherlich reproduziert werden kann, geht der Begriff der „Handzeichnung", den wir den älteren Künstlern gegenüber anwenden durften, hier so ziemlich verloren, und der Gesichtspunkt ist ein anderer geworden, die Zeichnung ist wesentlich interessant als Vorlage für den Druck. Sie hat das Private und Intime in den meisten Fällen verloren, und selbst wo sie es besitzt, wird es ihr durch Veröffentlichung geraubt, sobald sich auf den Künstler eine besondere Aufmerksamkeit lenkt. Die Verselbständigung der Zeichnung, die sich schon in der italienischen Schule des siebzehnten Jahrhunderts vorbereitet und bald über Frankreich und Belgien erstreckt, ist nun ganz allgemein geworden. Man sieht die Zeichnung nicht mehr mit gar so anderem Auge an wie das Gemälde, es ist nur eine andere Ausdrucksweise, aber eine gleichwertige. Was einst eine Probe war, ist das Stück selbst, die Aufführung an sich geworden.

An zwei Beispielen, die kürzlich in Paris hervortraten, kann man die Extreme dieses Vorgangs gut studieren. Das eine ist die Mappe, die die Maison moderne unter dem Titel „Germinal" herausgab und die zwanzig Reproduktionen nach Zeichnungen enthält, schwarze und bunte, sehr kostbar gedruckt, in stattlichem Format, nur in hundert Exemplaren abgezogen, die numeriert verkauft werden. Es ist eine Liebhaberausgabe zum Teil sehr privater und skizzenhafter Werke, die ursprünglich nicht alle für eine Reproduktion bestimmt waren und, so leicht wie sie gedacht sind, sich hier vielleicht etwas zu anspruchsvoll

darbieten. Aber es ist ein Zeichen der Zeit, daß man
Blätter, die zum Teil in vergessenen Mappen der Ateliers
ruhen könnten, in der vornehmsten Form herausgeben
darf, die der moderne Druck gestattet. Künstler aus
allen Ländern, Zeichner aller Stile sind hier vereinigt.
Holländer, Schweizer, Deutsche, Spanier, Franzosen
treffen sich, aber der Unterschied der Nationalitäten bedeutet nichts gegen den Unterschied der Persönlichkeiten.
Da ist Dégas mit einer seiner Balletteusen, die er mit
frechen Strichen hinsetzt. Rodin, der Bildhauer, bietet
eine, wie er es liebt, braun getuschte Fünfminutenskizze
zweier sich umarmenden Personen. Carrière hüllt seine
Figuren in jenes dämmernde Gazeweben, das alle Schärfen
mildert und etwas von Zimmerluft über die Flächen ausbreitet. Renoir spielt mit den Reizen eines jungen
Mädchens, das er leicht und voller Charme skizziert. Vincent van Gogh, der Niederländer, der auf seinen Gemälden
sich eine eigentümliche fadenartige Technik ausbildete,
beteiligte sich mit einer nur roh in den Farben hingesetzten
Landschaft, die an japanische Bilderbogen erinnert.
Maurice Denis zaubert in ganz matten verlorenen Farben
den Rücken eines nackten Mädchens hin, das in Licht
gebadet in einer Landschaft sitzt. Brangwyn, der englische Kolorist, skizziert mit zwei Farben zwei leicht
gruppierte Gestalten. Van Rysselberghe, der belgische
Neo-Impressionist, Toulouse-Lautrec, der Pariser Karikaturist, Gauguin, Vuillard, Bonnard, der Dresdener
Stremel, jeder ist mit einer besonderen Note versehen.
Toorop, der javanisch stilisierende Holländer, hat ein
paar seiner fein und zierlich gezeichneten Frauenköpfe;

## TECHNISCHES

Minne, ein anderer junger Holländer, schildert die Taufe
Christi in absichtlich steifen, kringeligen Strichen, deren
Charaktere er der Gotik nachahmt; Zuloaga, Spaniens
heutiger Velasquez, skizziert ein paar seiner vollblütigen
Landsmänninnen; Behrens entwirft einen vegetabilischen
ornamentalen Holzschnitt; Müller liefert eine seiner farbigen Radierungen, das Rendezvous zweier weißen Mädchen mit einer schwarzen Dame, und Liebermann steuert
die Zeichnung eines lesenden Mädchens bei, eine richtige,
gar nicht absonderliche Zeichnung, „von solider Kunst",
wie der Interpret dieser Sammlung, Gustave Geffroy, sagt,
das einzige sozusagen Solide, was altgewöhnte Augen in
dieser Germinalwidmung an Zola entdecken werden. Der
Kunstfreund wird sich je nach seiner revolutionären oder
patriarchalischen Gesinnung interessiert oder unfreund-
lich zu dieser kühnen modernen Sammlung stellen. Der
Kunsthistoriker aber wird sie keinesfalls übersehen als
Ausdruck gewisser Amateurstimmungen unserer Tage und
als Probe moderner Reproduktionskunst. In dieser ge-
waltigen Mappe aus Holzpapier mit den Lemmenschen
Ornamenten liegen Radierungen, Holzschnitte und Lithographien traulich beisammen. Zwanzig Bilder sind es,
und zwanzig Arten von Techniken trifft man an. Einiges
ist für die bestimmte Druckart gezeichnet, anderes ist nur
durch eine passende Druckart publiziert. Alles, was
schwarz war, ist schwarz gedruckt; alles, war bunt war,
bunt. Zur Zeit der Dürer und Rembrandt gab man wohl
Holzschnitt- und Radiercyklen heraus, aber die intimen
Handzeichnungen sammelte man nur, heute gibt man nicht
nur die alten Handzeichnungen heraus, sondern wendet

dieselbe Anpassungsfähigkeit moderner Technik, die diese im Druck erfahren, auch auf zeitgenössische Blätter an.

Das zweite interessante Beispiel knüpft an das Blatt von Müller an, das schon im „Germinal" enthalten war. Dieser in Paris lebende Künstler hat im Verein mit Manuel Robbe, Steinlen und anderen bewährten Zeichnern eine Technik in Schwung gebracht, die schon auf der Pariser Weltausstellung 1900 allgemeines Erstaunen hervorrief und seitdem sich Europa zu erobern begonnen hat. Es ist der farbige Kupferdruck, die bunt gedruckte Radierung, die durch die Bestrebungen dieser Künstler plötzlich eine neue Kunstgattung geworden ist. Ältere bunte Kupferdrucke sind stets nur als Nachahmungen von Malereien gedacht gewesen, im Paris des achtzehnten Jahrhunderts blühte diese Technik, und sie weist heut noch in den ersten Pariser Kunstanstalten vorzügliche Proben auf. Indessen hat sich aber der Einfluß japanischer Buntdrucke zu stark geltend gemacht, als daß man bei dieser alten Methode hätte stehen bleiben können. Die Japaner verwenden ihre Farben wie ihre Linien dekorativ, sie stimmen die Farben ab, aber sie setzen sie ohne Einzelmodellierung nebeneinander. Dies ist die richtige Sprache des Druckes, und als in unserer Zeit die Organe für diese Sprache neu erwachten, lernte man von dieser Koloristik. Sie wird schon längere Zeit auf den Holzschnitt angewendet und hat jetzt mit der Radierung ein besonders fruchtbares Bündnis geschlossen. Die bunten Radierungen der Müllerschen Künstlergruppe wollen kein Gemälde nachahmen, aber lassen sich andererseits von den Nuancen der Radierung zu sehr weichen

# TECHNISCHES

Tongebungen bestimmen. So entsteht eine wunderbare tiefe und warme Farbenwirkung, die weder der Radierung noch dem mehrfarbigen Druck etwas von ihrem Wesen nimmt, sondern aus den beiden zusammen ganz einzige Effekte erzielt. Interieurs, Landschaften, Figuren, alles ist in dieser Technik bereits versucht worden, eine große Anzahl verhältnismäßig billiger Blätter steht auf dem Markt, die Künstler haben mit einer bewundernswerten Anpassungsfähigkeit den Stil ihrer Entwürfe gleich auf die Wärme der Radierungstechnik und die Farbenkorresponsion des Druckes eingerichtet. Legt man diese schönen Blätter neben die aristokratischen Bogen des Germinal, so hat man die Wahl zwischen zwei charakteristischen Veröffentlichungen unserer Epoche. Auf der einen Seite eine Sammlung moderner Intimitäten mit allen Mitteln bewährter Technik herausgebracht, auf der anderen eine unbegrenzte Zahl einzelner kleiner Kunstwerke, deren Vorlagen für eine bestimmte und neue Technik erdacht wurden. Dort eine Reihe von Skizzen, die wie Kunstwerke auf ein prachtvolles Postament gesetzt werden, hier eine Reihe von Meisterarbeiten, die als lose Blätter durch die Welt gehen. Die Kunst des Zeichnens ist in der Skizze ebenso wie in dem Buntdruck, zwischen Schwarz und Farbig besteht kein wesentlicher Unterschied mehr, und die Handzeichnung hat vor der Reproduktion nur den materiellen Wert voraus.

Die Techniken des Zeichnens, die in früheren Zeiten gebräuchlich waren, sind durch diese große Ausdehnung des Betriebes nicht verringert worden. Nur der alte Silberstift, mit dem die Meister der Renaissance ihre

*Muther: Die Kunst. Band XXXVI.*

OTTO ECKM

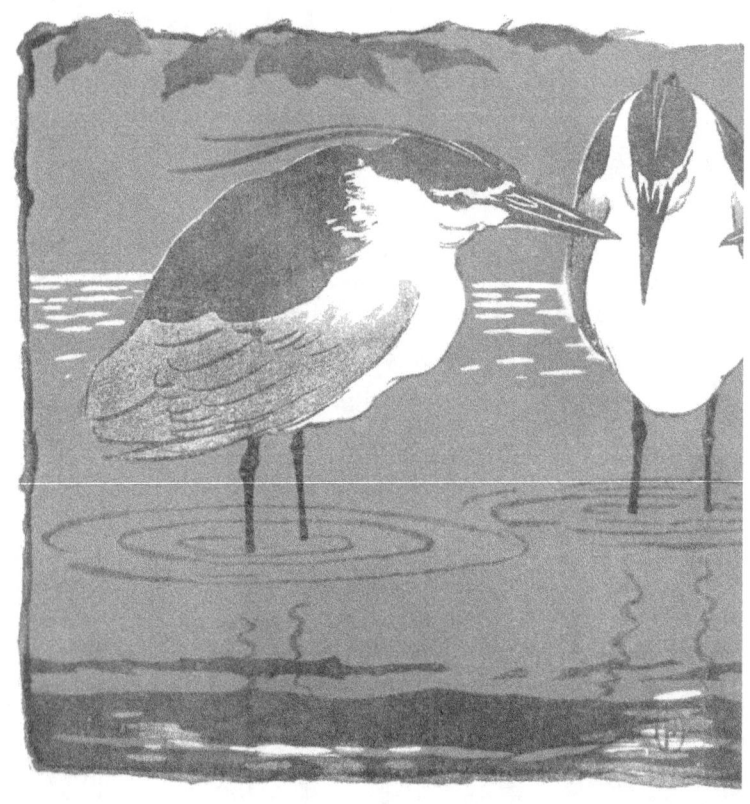

DEKORATIVE ZE

TO ECKMANN

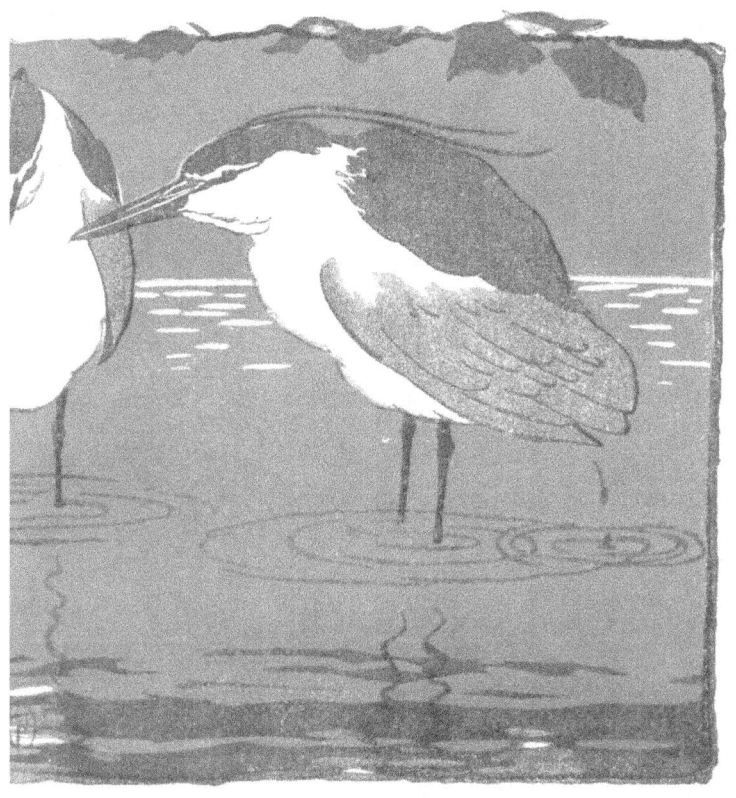

.TIVE ZEICHNUNG

zarten Entwürfe hinsetzen, ist heut außer Dienst gesetzt, da seine Vorzüge uns noch viel mehr der Graphitstift, auch Bleistift genannt, bietet. Der Graphitstift ist das nervöseste aller Zeichenmittel, das je da war. Er ist das wahre Instrument einer Zeit, die schnell bedienen will, die das Zeichnerische mit dem Malerischen auf eine praktische Art zu vereinigen sich bestrebt und in jedem Zug ein Stück Seele, eine sprechende Empfindung wiederzugeben versucht. Der Graphitstift läßt sich auf die verschiedenste Art anwenden, für Konturen, für Töne, für ganze und halbe Schatten, für alles das in Verbindung miteinander, und er läßt in jedem Augenblick die Weisung der Hand sofort zu künstlerischem Ausdruck werden, setzt stärker auf, macht ein Diminuendo, macht eine Anschwellung, eine Verschleierung, wie man es will. Es gibt harte und weiche Graphitstifte, deren Gebrauch man mengen kann, und wie man allzu große Weichheiten stets vermeiden kann, darf man auch allzu große Bestimmtheiten durch Benutzung des Wischers und noch besser des sensiblen verreibenden Fingers wegbringen. Korrekturen und ein dauerndes Herumarbeiten sind bei keinem Material so bequem durchzuführen, und andrerseits, so geistreich auch mit der Feder oder der Kohle oder der Farbe gezeichnet werden kann, an Geistreichtum übertrifft sie alle der Graphitstift, der ebenso ein Auflösen der Form in quere Strichlagen nach der Art Lionardos gestattet wie ein keckes Hinsetzen verschiedener sich berührender Töne, wie sie etwa die Photographie eines impressionistischen Gemäldes zeigen würde.

Besonders die rein malerische Anwendung des Blei-

## TECHNISCHES

stifts hat vom modernen Standpunkt aus eine großes Interesse. Ein geschickter englischer Zeichner, wie E. Borough Johnson ist, spitzt seinen Blei schon in Rücksicht auf seine malerische Ausdrucksfähigkeit. Nicht bloß das Holz, sondern der Graphit selbst ist wie facettiert gespitzt, so daß er außer der Spitze auch verschieden große Flächen zum Breitstreichen bietet. Man nimmt ihn zwischen ersten und zweiten Finger und zwar recht weit hinauf am Holze, so daß er sich ganz wie ein Pinsel aus dem Handgelenk führen läßt. Dann hat man ihn so in der Gewalt, daß man mit dem geringsten Druck und der kleinsten Drehung alle beliebigen Töne vom dunkelsten Schwarz bis zum gesprenkelten Grau in breiten und schmalen Flächen hinsetzen kann. Natürlich tut das Papier da auch das seinige, aber es ist nichts einfacher als ein Zeichenpapier für Blei. Johnson zum Beispiel benutzt gemeines Packpapier, das ein gutes Korn besitzt, ohne durch irgend einen Namen besonders gekennzeichnet oder berühmt zu sein. Erst die Außenlinien eines Kopfes hingesetzt, dann die tiefen Schatten, darauf die Halbschatten, endlich die leichtesten Nuancen, dies ist die Methode, wie am besten mit dem Blei operiert wird. Er folgt wunderbar dem Enthusiasmus, ohne den kein gutes Kunstwerk entsteht. Eine Kontur wird leicht angelegt, in verschiedenen feinen Strichen versucht, bis der richtige erkannt und stärker betont wird. Das Verhältnis der anatomischen Einzelheiten, das der Künstler auswendig beherrscht, wird mit einem schnellen Blick kontrolliert, und so viel als nur irgend möglich geht von diesem Blick in die Zeichnung über, die dem Interesse an dem Gegenstand mit einer großen Schmiegsamkeit folgt. So wird der Blei zu einem richtigen Pinsel, der zwar nur mit dem silberigen Grau in allen seinen schönen Schattierungen arbeitet, aber mit einer wunderbaren Schnelligkeit das festhält, was das moderne künstlerische Auge fesselt, die weichen Ränder, das Verhältnis der Töne, das Leben der Formen, die Reize von Luft und Licht.

Aber neben dem Bleistift behauptet die Feder ihr altes Recht. Seitdem die mechanische Reproduktion diejenigen Zeichner bevorzugt hat, die eine kräftige und scharfe Ausdrucksweise haben, ist die Feder von den Illustratoren sehr in Gnaden aufgenommen worden, und der Zwang, sich mit ihr wieder zu beschäftigen, hat die Künstler zu neuen Methoden gebracht, mit ihr auch Stimmungselemente wiederzugeben, die ihr früher unbekannt waren. In einer seiner letzten Spezial-Winternummern hat der „Studio" eine Übersicht über Federzeichnungen in aller Herren Ländern gegeben, die sowohl illustrativ wie textlich große Belehrung bieten. Tuschzeichnungen sind inbegriffen, die sich ja meist mit der Federtechnik, wie schon bei Rembrandt, ungezwungen verbinden.

In England und Amerika, wo das illustrative Wesen sich einer hohen Blüte erfreut und die Zeichnung als solche besonders geschätzt ist, trifft man die verschiedenartigsten Talente an. Anning Bell liebt die schlanken präraffaelitischen Formen, E. T. Reed erzählt uns in kräftigem historischen Stil Washingtonanekdoten, Raven-Hill in etwas trockenem akademischen Stil schildert die Einkehr reisender Maler, Gordon Browne setzt einen Puppen-

## TECHNISCHES

spieler mit vollendeter Grazie hin, Sullivan, einer der wichtigsten Satiriker, entwirft den Tod unter Rosen, als bekränztes, bukettragendes Skelett, Cameron führt uns mit wenigen Strichen geistreiche Landschaften und Städtebilder aus Italien vor, Phil May, der eben verstorbene Karikaturist, skizziert mit ein paar charakteristischen Strichen typische Straßenszenen, John Hassall, der als Plakat- und Frieszeichner Geniales geleistet hat, ragt durch eine vollendet komponierte Prügelszene hervor, die im Stil Shakespearescher Rüpel erfunden ist. Der dekorative Zug der modernen Schule übt in England weitgehenden Einfluß, und bei Wilson, Walter Crane, Dorothy Smyth, Quested, Dean, Solon, Brickdale, Ball, Jones, King treffen wir in mannigfacher Stilisierung stets denselben Geschmack, diese zarten, steifen Menschen, die in irgend einer historischen Handlung oder als Symbole mit kühler Eleganz Dichtungen zu illustrieren haben und in der Ruhe ihrer Haltung sich meist vortrefflich mit dem Letternbild zu einer Einheit zusammenfinden. Die Landschafter fürchten sich nicht vor den kräftigen Tönen, und eine Heuernte von Parsons (aus seinem Quiet Life) oder eine japanische Bootszene von Mortimer Menpes entbehrt nicht der starken Kontraste, während die beliebte Kemp-Welch sich mehr in den alten soliden Bahnen bewegt.

Die eigentümlichste Reproduktionskunst der Engländer ist heut die Radierung. Soeben reist eine Sammlung von 400 englischen Radierungen durch Deutschland, die in den großflächigen Wirkungen von East und Brangwyn, den tiefen Schatten von Goff und Burridge, Hadens und Halls zarten Landschaften, der altmeisterlichen Linie von Legros in seinem Triumph des Todes und Whistlers andeutendem Geistreichtum eine reiche und sichere Mannigfaltigkeit darbietet. Die englische Linie hat sich verfeinert, seit Keene und seine „Sixty"-Zeitgenossen ihre fleißigen und trockenen Witze für die Holzschneider zeichnen mußten. Auch die große amerikanische Holzschnittschule genoß ihrer Zeit einen bedeutenden Ruf, weil sie besser, als man es in Europa gewohnt war, die tonigen Schönheiten der Schnitte herauszuarbeiten verstand. Heut freilich ist ihre Zeit vorbei, da man an der Nachahmung einer Radierung durch den Holzschnitt keinen Gefallen mehr findet, sondern den Holzschnitt lieber als eigene Kunst mit eigenen Mitteln, das heißt mit starken Flächenkontrasten, ausbildet. Um so mehr hat man an der amerikanischen Federzeichnung Freude. Edwin A. Abbey wird gewöhnlich als der erste der amerikanischen Illustratoren angesehen. Er illustrierte unter anderem Herricks Old Songs und Shakespeares Komödien und hat in einigen Blättern eine ausgezeichnete Figurenvorstellung und Raumdisposition bewiesen, ohne sich von der Holzschnittflauheit amerikanischen Stils freimachen zu können. Charles Dana Gibson ist fescher und hat einen Stich Paris. In einem Werke „Die Amerikaner" hat er nationale Typen vereinigt oder, wie in der „Erziehung von Mr. Pipp", kleinbürgerliche Verhältnisse persifliert. Er hat seine alte Methode mit Schraffierung jetzt zugunsten der geistreichen Linie aufgegeben, wie er sie in Paris gelernt haben mag. Eine Dame mit dem Strauß ist mit ebenso großem Stilgefühl als sicherer

## TECHNISCHES

Technik entworfen. Man erkennt, wie geistreich die paar Schatten in das Kleid hineingeworfen sind, wie geschickt der Schatten am Halse verwendet ist, und wie hübsch der Kranz gedacht ist, vor den die Sängerin projiziert ist, wie in einen Nimbus hinein. Die Schule Gibsons war groß, wenn auch viele nach dem Vorbilde von A. B. Wenzell der Federzeichnung die Ölskizze in Schwarz und Weiß vorzogen, welche ebenfalls für die Reproduktion große Vorteile gewährt hat. Als Federzeichner genießt jetzt, wenn wir den Ausführungen des Studiotextes folgen, Albert E. Sterner einen guten Ruf, aber man meint, seine Zeichnungen ließen die Sicherheit der Linie vermissen und seien oft mehr aus dem Gefühl entworfen als aus einer klaren Anschauung. Doch ist es wohl nur sein impressionistischer, moderner Stil, der die Amerikaner stört; wer seine Augen an geistreichen Werken der Feder gebildet hat, wird Sterners Zeichnungen sehr sympathisch gegenüberstehen und von dem delikaten Reiz ihrer empfindungsvollen Sprache bald eingenommen sein.

Howard Pyle gilt als der dramatische Zeichner. Er arbeitet mit scharfen Gegensätzen und ist allmählich von einer gewissen archaisierenden Art, wie sie auch einige unserer deutschen Zeichner zeigen, zu der Schraffierungsmethode zurückgekehrt. Blum ist Spezialist für japanische Stoffe, die er für Scribners Magazine und anderweitig zeichnete. Pyle, Blum und einige Genossen bildeten eine hervorstechende Gruppe amerikanischer Illustratoren, aber viele von ihnen haben sich, entgegengesetzt der europäischen Erfahrung, jetzt der Malerei zugewendet. Auch Pennell, der Landschaftszeichner, gehörte zu ihnen, er ist einer der wenigen, die der Zeichnung treu blieben. Seine Schule, die graziöse Methode tropfender Linien, wurde von weitreichender Bedeutung. Pennell, der nach London übersiedelte, hat auch über Zeichnung selbst geschrieben, und seine Pen Drawing und Pen Draughtsmen sowie Modern Illustration gehören zu den wichtigsten Quellenwerken für die Entwickelung dieser interessanten amerikanischen Schule. Neben Gibson, Pyle, Sterner wäre noch an hervorragender Stelle Herford zu nennen, der seinen Stil ganz aus den Anforderungen der Reproduktion gebildet hat und mit schwarzen und weißen Flecken arbeitet, die an sich eine dekorative Wirkung haben.

Die große Masse der amerikanischen Zeichner, die Hastigkeit der Aufträge hat einen Wettbewerb und eine Spezialisierung hervorgerufen, die der siegreich vordringenden photographischen Illustration nur schwer weichen werden. Die feinen Straßenbilder Peixottos, die witzigen Kinderkarikaturen von Cory, die scharf gesehenen Figuren des Parrish, die geistreichen Interieurs von Lowell, die mit wenigen Schatten angedeuteten Tiere des Seton-Thompson, die stimmungsvollen Bäume des Vanderhoof, Pennells wie in Silberfäden laufende gotische Architekturen, eine so delikate und witzig gezeichnete Landschaft, wie diejenige von Mc Carter, — das ist eine Fülle von Kunst, nur Federkunst, in der die Amerikaner ebenso eifrig mitarbeiten wie überhaupt am großen Werke der Malerei.

Aber gerade die kleinen Nationen, besonders die skandinavischen, die heut in der Malerei so ruhmvoll dastehen,

MELCHIOR LECHTER

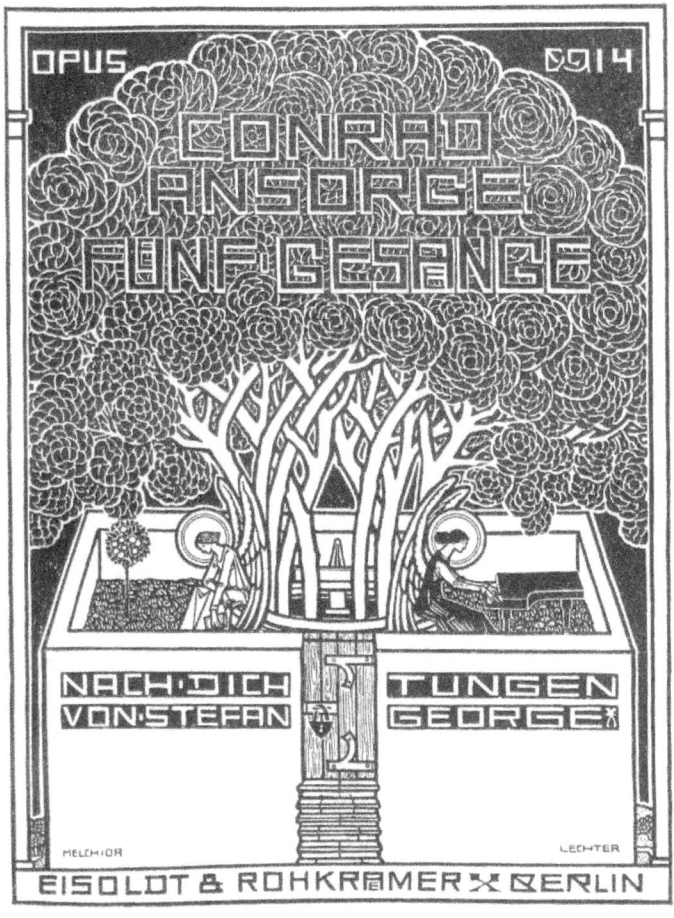

NOTENTITEL

setzen gern ihre Kräfte daran, auch in der Zeichnung nicht zurückzubleiben, und wir haben in Norwegen eine ganze Anzahl genialer Künstler, die sich mit der Feder ungewöhnlich auszudrücken wissen. Blomstedt, der Finne, zeichnete einige Segelboote, die man von der Höhe des Ufers an einem knorrigen Baumstamm vorbei zu sehen bekommt, und hat in überaus geistreicher Weise die Entwickelung der kleinen spielenden Wellen vom Vordergrund bis Horizont durch allmähliche Abnahme der parallelen Striche, die nur von den weißen Spiegelungen der Segel unterbrochen werden, bis zu ganz leichten Punkten hinten am Ufer dargestellt. Nicht minder genial weiß sein Landsmann Gebhard eine Zecherszene durch kräftige Schattenwirkungen und charakteristisch geführte Strichlagen zu einem lebensvollen Bilde zu machen. Die Dänen, die Holländer, die Belgier, alle haben sie spezifische Zeichentalente vorzuführen, und bei den Belgiern genügt es, nur einen Blick auf die Meuniersche Darstellung eines Brüsseler Streiks zu werfen, um zu sehen, wie dieser Künstler, der jetzt fast nur als Bildhauer bekannt ist, auch mit der Feder sich selbständig und eigenartig auszusprechen versteht. Die gleiche Bewegung der Eilenden, die Silhouette des Militärs, die Häuser, die sich gegen den dunklen Himmel abheben, das ist wirkungsvoll hingesetzt und durch die tiefen Schatteneffekte von einer aufregenden, revolutionären Stimmung.

Deutschland und Frankreich weisen die klingendsten Namen auf, wenn man moderne Zeichner nennt. Die Amerikaner, die selbst wieder aus Paris schöpften, sind in Europa nicht so geehrt, wie es ihren künstlerischen Leistungen zukommt. Man hat hier die Namen der Pariser Karikaturisten und unserer Simplizissimuszeichner im Munde und darf allerdings der Überzeugung sein, daß uns von jenseits des Ozeans eine ernsthafte Konkurrenz niemals kommen wird. Was die deutschen Zeichner können, haben sie wie die Amerikaner zum großen Teil aus Paris, vereinzelt auch aus London gelernt; nur jene Archaisten, wie Sattler, suchten sich ihre Vorbilder im deutschen Altertum selbst und haben es verstanden, den mittelalterlichen Geschmack zu einem dekorativen Spiel unserer Phantasie zu machen. Die Amerikaner werden eine wesentlich neue Phase der Zeichenkunst nicht mehr bieten, die Deutschen stehen noch mitten in der Blüte und freuen sich zurzeit einer so üppigen Einbildungskraft und vorzüglichen technischen Schulung, daß sie in den letzten Jahren selbst die Pariser Vorbilder überflügelt haben und eine Summe künstlerisch allererster Schöpfungen produzieren, wie man sie selten beisammen gesehen hat.

Die Quelle dieser ganzen modernen Schule ist Paris, ist jene leichte Gesellschaft von Zeichnern, die aus bohèmehaftem Spiel mit dem Leben eine kecke Beobachtung und eine geniale Art, Figuren zu umreißen, gelernt haben. Willette, Steinlen, Forain, Caran d'Ache machten ihre Studien auf der Straße zwischen zwei Kabaretts, in denen sie ihr Dasein pflegten und, wenn ihnen niemand die Zeichnungen abnahm, sie an die Wände hefteten. Ihr Stift war sehr nervös und folgte unbarmherzig noblen und unnoblen Leuten, die sie in ihren witzigsten Äußerungen auf das Papier bannten. Der eine war ein wenig sozialer gestimmt, der andere ein wenig karnevalistischer, dieser hatte noch eine Träne im Auge, jener nur die beißende Ironie auf den Lippen, aber alle waren sie darin einig, daß nur die frechste Feder die Torheiten dieser Welt am besten festhielte. Die alte Schule der Daumier und Gavarni hatte noch etwas vom Bürgertum in ihrer Karikatur, von einer sonntäglichen Lustigkeit und politischen Witzblattstimmung. Das verschwand immer mehr, man zippte die Menschen auch an anderen Untugenden, man war ein Philisterhasser ohne jeden Unterschied des Berufes. Die Ironie krönte man und versöhnte man mit dem Geschmack. Was die Japaner damals zu lehren begannen, die Grazie der Karikatur, den Witz der Linie, das Ornament der Farbe, die Sprache der Bizarrerie, das alles beherzigte man in seiner Anwendung auf die Pariser Sitten, und jede Zeichnung war ein Kunstwerk, gemischt aus Weltironie und feinstem Takt. Wenn Rivière seine genialen Schattenspiele im chat noir vorführte, so war das nicht mehr der alte politische Witz, der das höhnische Lachen reizt und schlechte Instinkte aufrührt, sondern ein tieferes poetisches Weltbild, verdichtet in seiner Stimmung wie ein guter Chanson, in dem alte Klagen, weises Verzichten und die abgeklärte, ruhige Harmonie der Schönheit zusammenklingen.

Der gleiche Prozess vollzog sich in Deutschland. Mit den Stoffen wechselte die Methode und mit der Stimmung die Manier. Auch hier wurden, zum Unterschiede von England, wo die Buchillustration die Hälfte aller Arbeit ist, die Zeichner nur durch die Witzblätter entdeckt und

## 34 MODERNE ZEICHENKUNST

entwickelt. Erst dann kamen die Bücherillustratoren hinzu, die sich mit geringen Ausnahmen, wie Sattler und Lechter, aus den Witzblättern ihre Kräfte holen mußten. Die gleichen Kräfte, aus denen in England Bücher und Journale wachsen, haben dort auch eine gleichmäßigere Zeichenkultur zurückgelassen, während in Paris und München die Schule der Persiflage maßgebend war und das Auge für Plakate, für Illustrationen, für alle kleinen zeichnerischen Dinge erzog. Besonders in Deutschland war das Erscheinen moderner satirischer Blätter wie ein Alarmruf für große zeichnerische Talente, die bis dahin geschlummert hatten. Die „Fliegenden Blätter" mit ihren oft abgestandenen Witztöpfen und überlebten Kapiteln à la Schwiegermutter oder Sonntagsjäger hatten lange genug dem etwas philiströsen Geschmack des deutschen Bürgers gedient. Hier, wo die Politik, auch die soziale, so ziemlich ausgeschlossen war, mußten oft krampfhaft Gebiete herangezogen werden, die man sozusagen künstlich unter Witz setzte. Der Witz unseres Lebens selbst war nicht darin zu finden, und sogar gute Beobachter, wie Oberländer, hatten sich mit alten Tierscherzen aus der Ära der komischen Fabeln oder mit Wüstengeschichten aus der Puppenstube der kleinen Romantik zu plagen, während das Leben selbst draußen Wogen schlug. Ein Karikaturist, wie Busch, konnte nur durch die geniale Kraft, mehr noch seiner Dichtungen als seiner Zeichnungen, sich wie ein Einsamer behaupten, bis er von dem ganzen Trubel genug hatte und zu seinen Bienen flüchtete, im sicheren Gefühl, daß seine wunderbare Lebensphilosophie doch nur wenigen Auserlesenen etwas gegeben habe

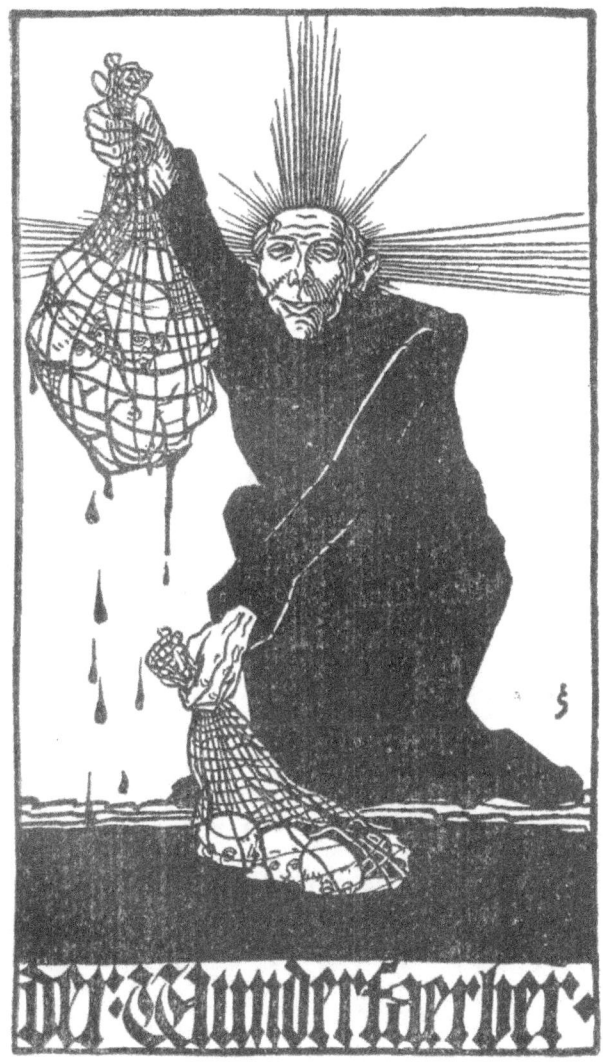

DER WUNDERFÄRBER

## ALLGEMEINES

und sein Erfolg auf einem groben Mißverständnis beruhte, das ihn etwa mit dem Verfasser des Struwelpeter verwechselte. Man mag nun politisch gestellt sein, wie man will, man mag rasen und zetern und von Vergiftung und Aufhetzung sprechen, das sind kleine Übel der Zeit, die vorübergehen werden. Was bleiben wird, ist die unverkennbare Tatsache, daß endlich durch die Gründung eines deutschen Gil Blas illustré unter dem hübschen Namen „Simplizissimus" ein Stab von Zeichnern auf den Plan trat, der nicht nur verstand, das Leben zu packen, wo es wirklich zappelt, sondern auch künstlerische Eingebungen daraus zu gewinnen, die zu den überraschendsten aller Zeiten gehören. Caspari, Georgi, Schulz, Bruno Paul sind gute Künstler, Recnizek aber, Thöny und Thomas Theodor Heine sind Genies von überzeugender Kraft und Eigenart und vorläufig noch unerschöpflich. Wer mit ihnen nicht zufrieden ist, wird beklagen, daß sie keine anderen Stoffe fanden; wer sie liebt, wird wissen, daß ihre Stoffe die rechten sind und es keinen Witz ohne Übertreibung gibt; niemand aber wird die reine künstlerische Potenz ihrer Zeichnungen leugnen, und niemandem wird es schwer werden, dieser Gruppe einen der sichersten Erfolge moderner Schule zuzuschreiben.

Je leichter die Kunst der Skizze sich entwickelt, je deutlicher der Stil der Persönlichkeit vom ersten flüchtigen Bleistiftstrich bis zur vollendeten Radierung spricht, desto weniger läßt sich heut eine Betrachtung von „Handzeichnungen" trennen von der

Betrachtung farbiger reproduzierter Blätter, ja selbst der Bilder, wenn man wollte sogar der Skulpturen. Zeichenkunst ist überall, Skizzierkunst ist auch in den Farben. Man müßte sämtliche graphische Werke der Zeit durchgehen, um sich ihren vollständigen Überblick zu verschaffen. Man müßte den Stil der Linien- und der Farbenskizze bis in seine Einflüsse auf das fertige Werk verfolgen, um ihre schulbildende Kraft zu verstehen. Wir leben vielleicht noch zu sehr im Fluß dieser Dinge, um sie so, wie es Walter Crane in seinen „Grundlagen der Zeichnung" tat, mit einer Art Semperschen Methode festzulegen. Jedes neue Heft jeder Zeitschrift bringt uns neue Persönlichkeiten, neue Versuche. Wir schlagen das Werk Gordon Craighs auf und finden eine verblüffend geistreiche Manier, halb vallottonsch, halb beardsleysch in Flächen und Linien Figuren, Landschaften, Köpfe, Exlibris zu zeichnen. Wir konstruieren die Geschichte jener zarten, elfenhaften, gehauchten Wesen mit den blumenhaften Haaren, den silberfeinen Schlinglinien, den ethnologischen Bizarrerien, die die Blätter sowohl des Toorop als der Jessie King als des Mackintosh füllen. Wir verfolgen die männlichen Stile der starken, robusten und lakonischen Zeichner von Legros über Zorn zur Käthe Kollwitz. Weder die Radierung noch der Buntdruck ist ausgeschlossen, die Pastellskizze, die Aquarellstudie, der Buchschmuck, die Ornamentzeichnung, das Plakat und die Drucktype — in allen lebt die Kunst des Zeichnens, deren Reich unermeßlich scheint.

Im Gewirr der vielfältigen Gestalten suchen wir bald nach Enzyklopädien bald nach Persönlichkeiten.

## ALLGEMEINES

Die Enzyklopädien geben uns heut am besten die „Schwarz-Weißausstellungen", die sich längst nicht mehr auf Schwarz und Weiß beschränken, sondern Galerien der Skizzierkunst wurden, für die nur die modernste Zeit ein so starkes öffentliches Interesse entwickeln konnte. Die Schwarz-Weißausstellungen der Berliner Sezession sind in diesem Weltbild mustergiltig. Ich denke nur an die letzten beiden, und erinnere mich der wichtigsten Zeichner, die — moderner Prägung — in unseren Gegenden tätig sind.

Die Anordnung ist vorzüglich. Die tausend Blätter haben nichts Verwirrendes. Im ersten Saal links haben wir die nordischen Ausländer, Skandinavier, Engländer, Holländer. Im zweiten und dritten Saal die Berliner. Im großen Saal die Münchener, im nächsten die Franzosen und im letzten eine Sonderausstellung des trefflichen Greiner, des Klinger-Schülers, dessen ganzes Werk mit den Portraits von Brockhaus und Siegfried Wagner, mit den Programmen und Soldatenblättern, den Golgathastudien und den mythologischen Szenen hier vereinigt ist — echte deutsche, markige, scharfe, arbeitsame und gern etwas grillenhafte Kunst.

Veth, der Portraitist von Holbeinscher Präzision, und Israels, der Malerische in Rembrandts Stil, vertreten gut die beiden Seiten holländischer Zeichenkunst. Strangs warme Radierungen, Rothensteins altbürgerliche Figuren, Shannons lebensvolle Skizzen repräsentieren englische Kunst. Zorns Radierungen in ihren schlagenden Wirkungen geben den strengeren schwedischen Charakter, während die Pastelle des Prinzen Eugen von

Schweden die weicheren Empfindungen zum Ausdruck bringen — die beiden Winterpastelle sind wohlgelungen.

Liebermann ist vor allem nach zwei Richtungen vertreten: Hamburger Pastelle aus seiner letzten Zeit, sehr tonig und zart, besonders die Elbe bei Nienstadt, und dann die Skizzen von seiner eben beendeten italienischen Reise. Ein Kuriosum: Liebermann, der Dünenmensch, in Italien! Liebermann das erste Mal in Florenz! Was ihn da hauptsächlich interessierte? Das Spiel der Architektur mit der Luft, aufragende Türme, Ziegeldächer, Villen auf Hügeln — anders, als es andere machen, malte er's schon, aber doch nicht so eingehend, wie sein prächtiges Blankeneser Haus oder den Blick auf die Elbe. Auch Israels, als er in Spanien reiste, verlor nicht seine nordische Natur. Das ist ein gutes Zeichen. Kein großer Künstler ist ein Weltreisender.

In der Nähe sieht man einige sehr stimmungsvolle Leistikows. Dann ist von der Kollwitz ein glänzendes Blatt da, aus dem Bauernkrieg, in Rubens'schem Furioso. Baluschek führt uns eine seiner fleißig studierten Lokomotiven vor. Von Brandenburg gibt es einen sympathischen Feierabend.

Im zweiten Berliner Saal fällt Heinrich Hübners Interieur auf, während Ulrich Hübner vor allem durch ein ausgezeichnetes Segelaquarell hervorragt. Hier sind Heilemanns Skizzen aufgehängt, die ein besonderes Interesse verdienen durch die impressionistische und geschmackvolle Leichtigkeit ihrer Ausführung, überraschend gelungene coups d'oeil. Hagemeisters Herbstpastell ist eines seiner besten. Louis Corinths Tragikomödie ist ein

MAX LIEBERMANN

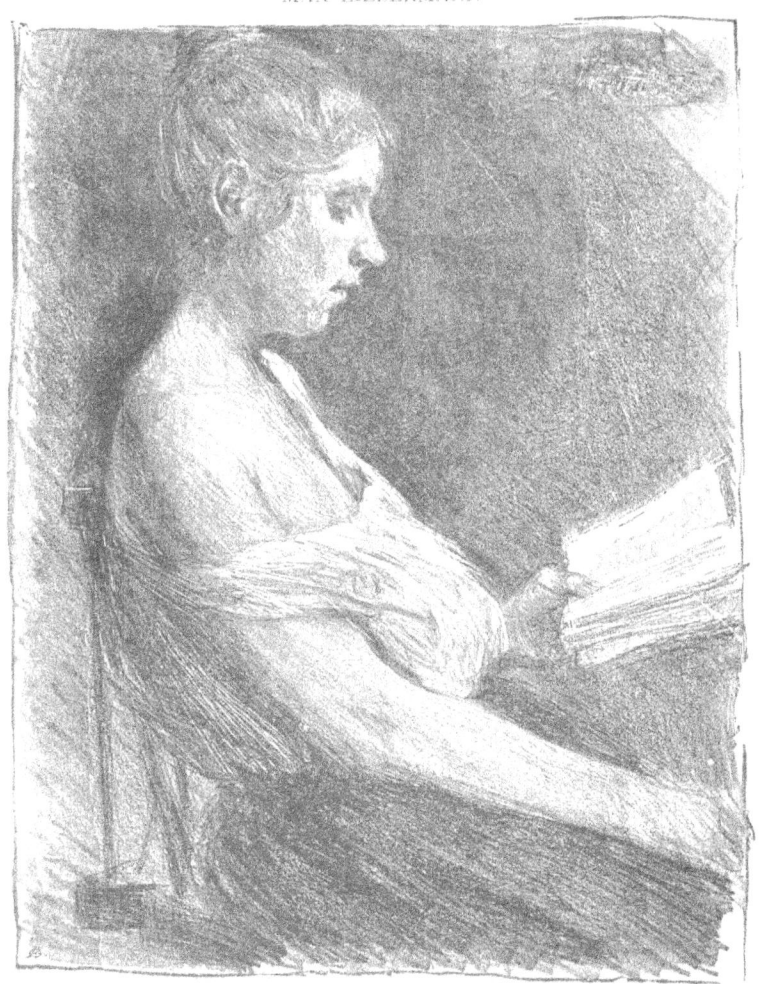

LESENDES MÄDCHEN

grotesker, phantastischer Cyklus von Visionen, eines seiner sattesten Werke. Ludwig v. Hofmann stellt seinen bekannten Kinderfries aus, den er für ein Berliner Standesamt arbeitete, und eine bunte Reihe von Pastellen, Skizzen, Entwürfen. Baumsche Landschaften fallen zwischendurch in der trockenen Grazie ihrer Zeichnung auf. Strathmanns Karneval ist eine gute Probe seiner dekorativen und im Ornament persiflierenden Manier.

Die Münchener sind schlagend. Georgis breite, schmückende Landschaften, Heines eleganter Humor und — wohl zum ersten Mal— die 44 Zeichnungen zu den Satiren, die sein naturalistisches Auge zeigen, ehe er zu stilisieren beginnt, scharfe, feste Striche und ein kräftiges Zupacken der Natur — dann das Werk Bruno Pauls, Thönys und andere Simplizissimi, Oberländersches, Stucksche Akte. Strathmann hat hier seinen Krönungszug, eine komische Friesphantasie. Zille aus Berlin befindet sich mit in diesem Saal, ein frischer Zeichner des Proletariats, geistvoll in der Linie und sehr kultiviert in der Farbe wie sein Pastell aus dem Arbeiterviertel zeigt. Volkmanns gemütvolle Kunst findet man ebenfalls hier in der Nähe, auch Thomas Märchen und die Naturpoesie der Worpsweder. Am hinteren Ende dieses großen Saals beginnen bereits die Franzosen: Carrièresche in Duft gehüllte Lithographien und eine Reihe von Manetschen Radierungen, die im Esprit der Linie und des Lichts zu den köstlichsten Werken des genialen Technikers gehören.

Der französische Saal muß Sensation machen. Blendende bunte Lithographien von Lunois, allerlei inter-

essante Stücke aus der Germinalmappe, dann geistvolle
Blätter von Veber, eine glänzende Folge von Toulouse-
Lautrec, famose Maurins und Vallottons, von allem aber
eine Galerie von Steinlen, die geradezu berauschend wirkt
in der malerischen Weichheit der Steindrucke, der unerschöpflichen Realistik der Originalzeichnungen, der
grandiosen Phantasie sarkastischer Vorstellungen, wie
sie sich in dem Cyklus „Ein Jahrhundert der Zivilisation" zu erkennen gibt. Es sind im ganzen an 150 Originale und Drucke von Steinlen hier, das Werk eines der
vielseitigsten Zeichner, die die Kunstgeschichte kennt.
In diesem französischem Saal zu wandeln, ist ein seltenes
Vergnügen: hier sprüht die Kunst, und der Geist leckt
Feuer.

Und ein Jahr später an derselben Stelle ein anderes,
wieder ein zauberhaftes Weltbild der modernen Skizze.
Ein Saal voll von Rodinschen Zeichnungen, in denen der
große Bildhauer die ersten Konzeptionen seiner Träume
von Körperverschlingungen fixiert. Die Akte des antikischen Marées, die solide Zeichnung Kalckreuths, Walsers anmutig neckische Feder, das ganze große Werk
Leistikows, das bis in die Zeichnungen hinein von sorgsam geschulten Augen und sicherer, fester Hand zeugt,
Slevogts frische, freche Skizzen zu seinem Alibababuche,
die bäurisch-stilisierenden Kinderbuchillustrationen des
Andri, Münzers fließende, mordnde Farbenskizzen und
Kubins satanische Zeichnungen in einem Schabkunststil,
wieder Liebermann und Israels und ihr Gegenstück, die
exklusive Linie Whistlers — über Vergangenheit in die
Gegenwart ein buntes nervöses Spiel von eilig skizzieren-

## ALLGEMEINES

den Händen, die bald die Skizze als Bild belassen, bald das Bild durch die Skizze beleben.

Technik von Radierung kann man an Besnards Cyklus „la femme" studieren. Es ist diese Folge von Frauenschicksalen und -Typen fast wie ein Album sämtlicher Methoden der Ätzung, die von ganz scharfer Formgebung bis zu den weichsten, zur Undeutlichkeit verschwimmenden Konturen variieren. Wenn man die Sittenschilderungen des 18. Jahrhunderts, zum Beispiel Moreaus stofflich so ähnliche Cyklen damit vergleicht, erkennt man die ganze Vielseitigkeit unserer Ausdrucksmittel.

Ein Meister der zeichnenden, nicht tönenden Radierung bleibt Zorn. Er wendet eine Strichtechnik an, die er sehr geschickt von einzelnen, nur markierenden Häkchen bis zur vollen engen Schwarzwirkung entwickelt; seine Blätter, vorzüglich gedruckt, sind durch diese wohlüberlegte Anordnung fast von größerer Tiefe und Wärme als Schabtechniken. Wie geistreich er die Linie setzt, kann man unter den vielen schönen Radierungen, die so ziemlich sein ganzes „Werk" darstellen, besonders am Gesicht des Verlaine-Portraits beobachten, dessen Backe und Stirn mit wenigen Andeutungen wunderbar modelliert sind. Eine Federzeichnung Monets, die kaum auffallend an einer Ecke des großen Saales sich findet, kann in der Feinsinnigkeit der für Wolken, Wasser und Boote hingesetzten Strichelchen lehrreich damit verglichen werden.

Unter den Aquarellen sind die alten Turners nicht nur als Rarität, sondern auch künstlerisch wertvoll. Man denke nicht, daß dieser Duft von Farben durch spielend leichte Behandlung sich erreichen lasse; er ist das letzte

Resultat einer freien Phantasie, die ihre eigenen dekorativen Stimmungen in die Natur hineinsieht. Der Himmel in seinen blauen, gelben und rotaufgelegten Tönen ist wie eine Vorstudie zu dem berühmten Londoner Temeraire-Bilde, aber keines seiner Ölgemälde erreicht die Zartheit dieser kleinen venezianischen Studie, wo Wolken, Kirchen, Wellen, Pfähle, Kähne nur ein Hauch von Farbe sind und ihre realen Formen fast ganz aufgeben. Das Freiburger Blatt mit der Traumillusion der roten Dächer, der fernen Stadt, der hohen Burg gehört unter die originellsten Skizzen Turners. In den Gebirgsszenen lebt eine entmaterialisierte Farbe, wie sie in der Zeit dieses frühesten modernen Koloristen geradezu unerhört war. Seine Zeitgenossen beginnen die Skizze mit einer braunen Untermalung, in die sie besten Falls die Lokaltöne einlegen. Dieser aber beginnt mit dem letzten phantastischen Schimmer, den feinsten abgezogenen Differenzen, und nimmt von der Form nur so viel, als nötig ist, eine Unterschrift zu ersetzen.

Munch und Orlik zeigen die Vielseitigkeit der Arbeit in diametralen Stilen. Jener benutzt Radierung, Lithographie, farbigen Holzschnitt, farbige Zinkätzung, Kaltnadel für seine primitiven und nur in ihrer Primitivität starken Eingebungen, wie immer scharf getroffene Charaktere von Portraits, von Stimmungen (besonders die starre Verlegenheit in Toten- und Krankenzimmern oder die Versteinerung an Spieltischen), von Symbolen (z. B. das Weib nackt zwischen Bräutlichkeit und Alter), aber es ist sein Wesen, die erste geistige Fassung seiner Szenen festzuhalten und nicht einen Strich mehr

GUSTAV KLIMT

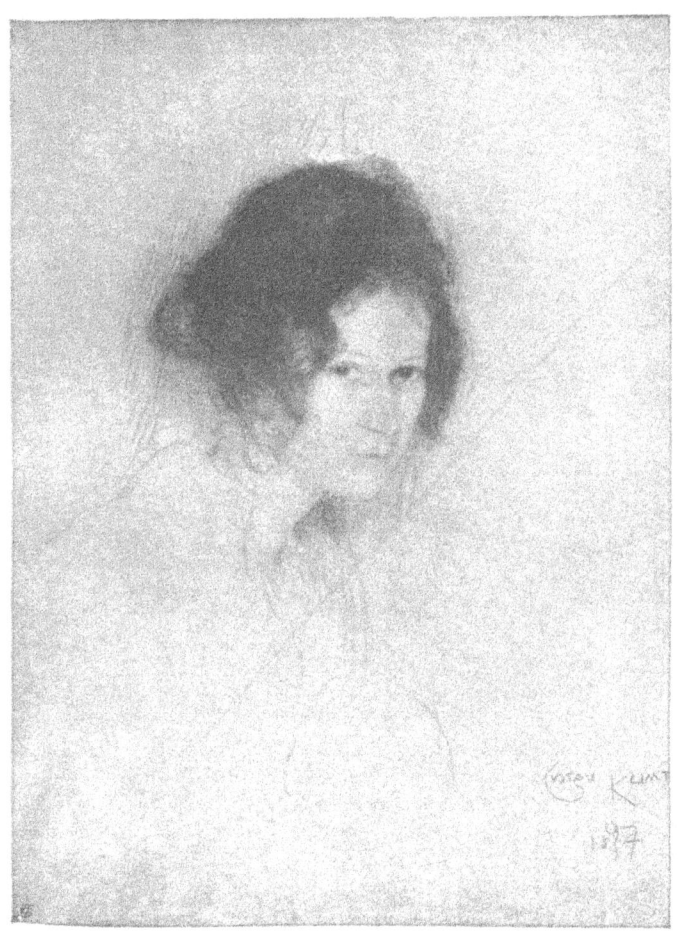

MÄDCHENKOPF

## ALLGEMEINES

in den Geschmack oder die Bildhaftigkeit hinein zu tun. Orlik benutzt dieselben vielfachen Techniken, und noch mehr, aber er ist eine dekorative, ausführende, preziöse Natur und alles, die Bildnisse von Klinger, Kalckreuth, Mahler, Pankok, Moser, Hoffmann, C. Bauer, die Exlibris und besonders die anmutigen japanischen Steindrucke und Farbradierungen, alles wird zum Kabinetsstück, zum malerischen Juwel, das sich auf seine Stelle an der Wand freut. In Munch ist der Embryo der Welt, in Orlik die Miniatur.

Stärker noch als in Gemäldeausstellungen stoßen hier die Gegensätze und Varietäten der Auffassungen und Techniken zusammen. Wir verfügen heut allein unter den vervielfältigenden Künsten über Kaltnadel, Radierung, Schabkunst, schwarz und bunt (unter den Farbenradierungen tritt diejenige Thaulows als besonders glänzende Bildwirkung hervor), Holzschnitt, schwarz und bunt, Zinkätzung und jede photomechanische Art, schwarz und bunt, ebenso Steindruck. Und unter den zeichnenden Künstlern wechseln Bleistift, Feder, Aquarell, Pastell und alle ihre Verbindungen zahlreich miteinander ab, jede nach der Art des Temperamentes ihres Autors.

Fast nur durch eine Wand getrennt vertragen sich Zille und Beardsley. Zille vermeidet in seinen Berliner Typen die bildmäßige Fertigkeit. Er schätzt diese schlenkernden Kinder, dicken Schlächtermeister, Gemüseweiber, Vorstadtkoketten, Bierphilister nicht höher ein, als sie mit ein paar Strichen und Farben auf das Blatt zu setzen, sicher und lebendig im Ausdruck, Typ, Kontur, Bewegungscharakter, nur ein Blick des Auges. Und wenn er Bildchen macht, wie den Ringkampf oder die Chanteuse mit dem Hampelmann, so versteht er, die Details im Ganzen aufgehen zu lassen, und die Zuschauer seiner Variétés, die Kindermütter, schiefen Zylinder und verbummelten Tapezierer, prätendieren nicht mehr, als sie sind, da ihnen diese geschickte und taktvolle Technik nicht mehr gibt. Das ist ganz ausgezeichnet.

Beardsley aber ist Kultur, letzte Freiheit der Einbildungskraft, letzte Delikatesse der Technik. In seinen Entwürfen leben die Erfahrungen von Jahrhunderten, die ein feiner sensitiver Geist sammelte. Es mag nicht für jedermann sein, und das ist gut so. Aber für wen es ist, dem ist es so phantasiebeflügelnd, formbefreiend, wie kaum eine andere graphische Kunst. Beardsley ist nicht arm an Technik, breite Renaissanceornamentik wechselt mit der präraphaelitischen Zierlichkeit, Schabkunst (wie schön ist das Chopinsche Notturnoblatt) mit Linienstrich Aber seine Größe ist die Weite der Vorstellung, in der ihm Menschen und Dinge zu einer ganz originellen einheitlichen Welt werden: Bäume und Haare dieselben Formen, Mond und Statue dieselbe Erscheinung, Pfauenräder und Gewänder, Profile des Lebens und Erinnerungen der Kunstgeschichte, Johannes' Blut und ornamentale Ranken, Teufel und Schauspieler, Köpfe und Blumen, Licht und Papier, Schatten und Tusche — alles tanzt einen Pierrottanz, alles ist hermaphroditisch, zweigeschlechtlich, und das Dasein wird zur Komödie des Ornaments. Die Salome-Zeichnungen Beardsleys sind das Äußerste von abstrakter Phantasie, was die Zeichenkunst bisher erlebte. Man muß sein Gehirn aufschließen und in Fernen aus-

## ALLGEMEINES

hauchen lassen, um zu verstehen. Alles Wirkliche ist ein Gleichnis, der Körper wird eine Arabeske, die Blume ein Körper, die Linie eine Melodie, die Fläche eine Tonart. Warum nicht? Warum nicht? Er konnte es, darum ward es wirklich. Ich höre von „Verzeichnungen": wie kann eine Hand von dieser unbeschreiblichen Sicherheit sich verzeichnen? Wie kann man dieser Phantasie vorschreiben, Fräulein F. als Modell für eine Salome zu nehmen, diesem Geiste, der so voll ist von hundert übernatürlichen Tänzerinnen? Ich höre, daß sich die Leute „mit den schönen Schlipsen" vor Beardsley treffen. Nun wahrhaftig, so will ich lieber Beardsley sehen und dazu noch einen schönen Schlips tragen.

Die Illustrationskunst hat vielleicht zahlreiche unserer malerischen Talente verschlungen, aber sie hat mindestens ebensoviele wachgerufen. Die Wogenlinien Vogelers auf Buchumschlägen, die strenge Form eines C. F. Weiss, die Serpentinbeweglichkeit des de Feure, das Stilgefühl eines Christophe bis zu den namenlosen Künstlern einfacher guter Buchstaben und guten Materials gibt eine unbegrenzte Reihe. Der aparteste der letzten Zeit schien ein Russe: Somoff. Zeichnungen für Bücher, Titel, Illustrationen, Skizzen nach der Natur, kunstgewerbliche Entwürfe, Porträts, Stilarrangements — alles, worin sich eine dekorative Natur aussprechen kann, ist Somoffs Domäne. Das Wesen Somoffs ist ein russifizierter Louis XVI. Reste galanten Rococos, leicht stilisiert, mit einem Hauch Orient und einem Schimmer Japans, ein wenig alte byzantinische Miniatur und noch mehr Miniatur des 18. Jahrhunderts, Tooropsche Farbenphantasien in Märchengärten und wieder die geradlinige Pracht alter Terrassenlauben, in denen es heimliche Botschaften, Teestunden mit blauen Services gibt, geschnitzte Geländer mit sentimentalischen Sonnenhorizonten, Courtisanen vor der schaukelnden Lichterillusion nächtlicher Gärten, Sultaninnen, die in einem Rahmen von Emailflüssen lagern, zierliche Randleisten in Trauben-, Goldschmuck- und Filigranwerk mit blassen verträumten Farben, blasse, verträumte Mädchen mit dunklem Teint und dem Schmuck aus Gold und Türkisen — das ist die Welt Somoffs, wie er sie selbst unter einem Bildnis bezeichnete: Echo du temps passé.

Man kann über diese Sachen sehr schön schreiben, von den Melodien der Clavecinisten, von den verlorenen Sinnlichkeiten orientalischer Märchen, von den artigen Zierlichkeiten alten Porzellans — aber sie sind auch an sich gut genug. Ein eminentes Stilgefühl in jener eigentümlichen Note, in der die künstlerische Alliance von Rußland und Frankreich geschlossen wurde, spricht sich vollkommen aus. Von der dekorativen Auffassung der Natur, in der blinkenden Sonne wie im melancholischen Schatten, geht es über die schmucken Landhäuser und stilisierten Gärten bis zum realistischen Porträt, dessen Kleid, Pelz, Juwelen der Rahmen der Empfindung werden: einer national russischen Empfindung, der schönen, wohlgefaßten Nachdenklichkeit, die uns auch in der Literatur dieses Landes bezaubert. Zur alten soliden und objektiven Weltanschauungsmalerei Rußlands verhält sich diese sezessionistische Mischung von Geschmack und Gefühl wie zu Tolstoi die kleinen Novellisten.

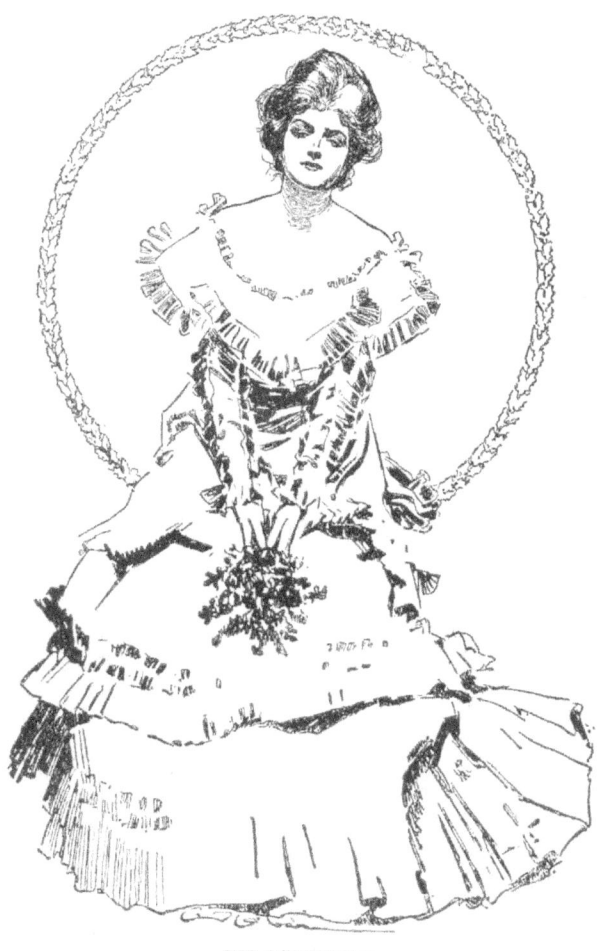

DIE SÄNGERIN

# PERSÖNLICHES

Als dekorative Natur ist Somoff eine interessante Ergänzung zu unserm Thomas Theodor Heine. Satirisch wie dieser veranlagt ist, gewinnt er aus demselben frühen Empire, das Somoff zu spielenden Lieblichkeiten entwickelt, die antiphilisträse Linie. Heine ist negativ, Somoff positiv. Jener spottet über die Verziertheit, dieser liebt sie, und so kommen beide über sie hinweg, jeder auf seinem eigenen Wege. Die entzückendste Leistung Somoffs ist der Titel, den er zum letzten Jahrgang der Cassirerschen Zeitschrift „Kunst und Künstler" ausführte. Ein üppiges Rahmenwerk als Weingehänge in grüngoldenen Tönen, darin die Schrift mit der ganzen Delikatesse des fridericianischen Kursivs kokettiert: ein Werk von jener vollkommenen Sicherheit sowohl der Verhältnisse als der Farben als der Zeichnung, die wir nicht allzu häufig antreffen.

Es erscheint angebracht, ähnlich noch einige der wichtigsten, speziell zeichnerischen Persönlichkeiten unserer Epoche zu betrachten, ihr Werk als Einheit zu nehmen, ihre Anschauungen aus ihrer Linie abzulesen. Wir spazieren dabei durch England, Frankreich, Deutschland und nehmen einige charakteristische Physiognomien heraus, indem wir die Masse der teils über Verdienst berühmten, teils nur in gewohnter Modemanier arbeitenden Zeichner gern übergehen.

Ich stelle aus England den bewunderten Aubrey Beardsley (um ihn genau zu charakterisieren) mit Nicholson zusammen. Beardsley ist vor kurzem gestorben, Nicholson hat seinen festen Stil, an dem er nicht mehr viel ändern wird. Es sind zwei Typen unserer Zeit, wie sie sich nur in England berühren können. Beardsley ein Sensitiver, überzart und weiblich, präraffaelitisch angehaucht, von allen Künsten eingenommen, die auf Nerven spielen — Nicholson ein Sportsmann, der die Menschen auf ihre Zuchtwahl und ihre Speziesnummer ansieht, der ihnen die Wahrheit derb ins Gesicht sagt und der Bücher illustriert, die man zur Erziehung von Kindern verwenden kann. Beardsley wurde von Pennell eingeführt, denn Pennell, der die Gotik nicht minder wie Pariser Weltausstellungen zeichnet, ist ein Kenner von Illusionen, von Nervenreizen, von Phantasiespielen, und seine Feder hat alle delikaten Sünden einer sensiblen Kunst. Aber Beardsley machte eine geniale Welt aus dem, was Pennell nur so eben geistreich gemacht hatte. Er illustrierte mit übersinnlichen Figuren, die er in exotische Kulturen stellte. Seine Zeichnungen finden sich im Morte d'Arthur, den Dent herausgab, in Ritter Malorys Sagen, in der englischen Ausgabe von Oskar Wildes Salome, in Popes Rape of the lock, in zahllosen Heften der modernen Zeitschriften Yellow-Book und Savoy. Es ist die zierliche Welt leichtfüßiger, schlanker Wesen, wie sie in der Phantasie des englischen Mythus leben. Beardsley zeichnete mit dem nervösen Bleistift, überzog ihn erst später mit der Feder. Nicholson braucht nur die Feder oder den Holzschnitt, vor allem diesen mit seinen starken Kontrasten und scharfen Flächengrenzen, den er mit wenigen Farben, schwarz, gelb, rot, drucken läßt. Er zeichnet die Königin Viktoria, Cecil Rhodes, Whistler, die Sarah Bernhardt oder einen Mann auf dem Dockart oder das

## PERSÖNLICHES

Alphabet oder den Kalender mit Sportsblättern für die Monate. Beide, Beardsley und Nicholson, lernten von den Japanern. Aber jener die kleinen Zierlichkeiten der Linie, dieser die Technik der bunten Holzdrucke.

Beardsleys Figuren sind fast alle unwirklich gezeichnet. Sie sind in die Länge gezogen und haben schmale, kleine Köpfe, Füße, Hände. Sie haben alle das Leiden der Schwindsucht, das Beardsley selbst besaß und an dem er so jung starb. Und alle haben sie diesen hastigen Schönheitsdrang der Schwindsüchtigen. Sie legen ihr Haupt schwärmerisch zur Seite und lassen das Haar über den Nacken streichen. Sie fassen ihre Gegenstände ohne Heftigkeit an; selbst Salome betrachtet voll Gefühl das Haupt des Johannes, das sie wie Obst auf einer Schale trägt, und Isolde ergreift ihren Becher nicht wie den Todestrank, sondern wie ein köstliches Erbstück. Beardsleys Figuren lieben den phantastischen Schmuck, wie man ihn an dem grünen Armbandgehänge und den seltsamen Kopfblumen der Isolde sieht, um deren grüner Farbe willen der Vorhang so rot ist. Seine Figuren lieben fast nur zwei Arten Gewänder, das des Rokoko und das Japans. Die kleinen Falten der Rokokostoffe sind ein liebliches Ornament aus Ringelchen und Strahlen und umtanzen den schlanken Körper in anmutig geordneten Balletts. Die japanischen Stoffe haben blumige, üppige Muster, die wie ein Blütenregen über den Körper niederfallen, ohne tiefere Schatten, ohne den Realismus der Faltenberge, nur leicht in verschiedene Richtungen zusammengelegt, daß das ursprüngliche Muster in ein scheinbares Spiel mannigfacher Rhythmen verteilt wird, wie es die Kleider der Schauspielerinnen auf den japanischen Holzschnitten zeigen. Beardsley erträumt sich aus jedem Vorgang ein solches Spiel von Ornamenten, in dem die nackten Leiber der Jungfrauen, die bauschigen Fälteleien des Rokoko, die Blütenregen in der Natur und auf den Kleidern ihre Arabesken ziehen.

Und nicht minder die kleinen Gegenstände der Umgebung. Welche Stilreize entwickelt er aus einer Wandbespannung in den parallelen Streifen des Empire, aus einem Gobelin, von Kränzen umrahmt und durch Schäferszenen belebt, aus den kleinen Büchschen, Spiegeln und Leuchtern auf dem Toilettentisch, aus den Draperien und Bändchen koketter Möbel. Es ist kein Unterschied zwischen den Toupets seiner Rokokodamen und denen der anmutigen Bäume draußen, sie fügen sich demselben Stilgesetz, und nur die Manier der Feder, die einmal stärkere Kringelchen malt, einmal nur jene leicht punktierten Linien der Pennellschule hinsetzt, macht die Verschiedenheiten des Vortrages. Die Stilisierung geht bis in die leisesten Umrahmungen, und Vignetten geben ein Stück Kultur, gesehen durch ein Stilgefühl. Von den Präraffaeliten zu den Japanern, zu den graziösen Meistern des letzten Louisstils schwankt sein Empfinden. Sein Monogramm spiegelt es wieder. Zuerst schreibt er seinen richtigen Namen dazu: Aubrey V. Beardsley. Dann wird er feierlicher oder ornamentaler. Das V. fällt weg, um den Stil lapidarer zu machen, schließlich schreibt er den Namen in Versalien, wenn er nicht ein japanisches vegetabilisches Motiv als Signum benutzt.

Wie in seinem Signum, ist er auch in seinen Blättern

NICHOLSON

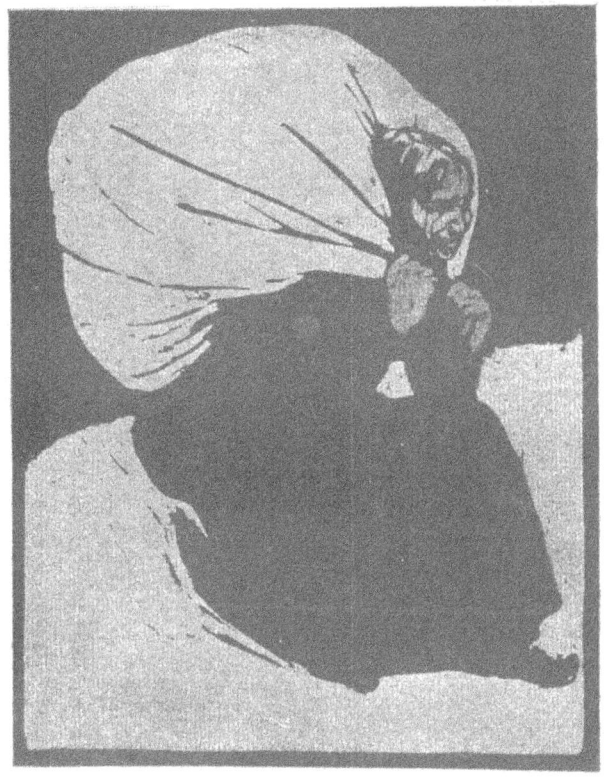

FRAU MIT SACK

nicht witzig, nicht ironisch. Er ist nur elegant, vielleicht etwas skeptisch, aber er beißt nicht. Er rettet sich aus der Welt in seinen Stil, in die Burg seines persönlichen Geschmacks, aber er hält dort keine Moralpredigten. Er stilisiert die Dinge, nicht um sie zu karikieren, sondern um sie zu überwinden. Er webt sie in einen Gobelin und hängt sie auf. Selbst wenn er die „Wagnerianer" zeichnet, eine Masse der Theaterbesucher, ganz im Dunkeln, nur die Lehnen der Stühle, die dekolletierten Nacken, die Profile der Gesichter, die Säulen des Prosceniums leuchten in scharfem Weiß — dann ist er selbst etwas bei dieser Gemeinde, die „Tristan und Isolde" unter seinen Formen, unter der Form präraffaelitischen Schmachtens sieht. Wenn er persiflierte, hat er es eher an sich selbst getan als an den anderen. Er war nobel.

Nicholson ist kein Einsamer und hat offene Augen für die Welt. Er stilisiert gar nicht, sondern sagt einfach die Wahrheit, ornamental denkt er nur die Farbe, weil er sich zwingt, mit wenigen Tönen etwas Leben in die äußere Wirkung des Druckes zu bringen. Er stilisiert nicht, weil er das Stilgefühl für das Objektive hat. Er nimmt nicht seine Modelle in sein Atelier auf und kleidet sie dort mit seinen Stoffen und Gedanken, sondern er faßt sie in ihrer Welt und schleudert ihnen ihren Charakter ins Gesicht. Die Queen war ihm eine dicke Frau mit allen Grotesken der Korpulenz, die er schweren Schrittes im Profil durch eine zarte englische Landschaft, von einem zarten Hündchen begleitet, sich wälzen läßt. Whistler ist ihm der feine Mann der Eleganz, schmal, vornehm, im Frack, leicht beobachtend, und er stellt den berühmten englischen

Maler in ein Zimmer, auf glattes Parkett, halb zurücktretend, so daß er verhältnismäßig klein erscheint, wie etwas entrückt, exklusiv, vielleicht unwillig. Sarah Bernhardt ist ihm die Linie, er stellt sie vor einen Vorhang, in bürgerlicher Kleidung, Cape, Hut, Schirm, und entwickelt eine faszinierende Kurve aus der Silhouette des Rockes und des leicht absetzenden Mantelkragens. Eine Landfrau mit dem Sack, einen Dockartfahrer, einen Feldherrn vor der Kolonne umschreibt er mit wenigen lebensvollen charakteristischen Linien. Immer ein Stück Karikatur, das eigentlich nur Charakter ist, ein Stück Komik, die unfreiwillig erscheint. Für ihn existiert nur der Mensch, er muß sich vollkommen allein charakterisieren können. Milieu gibt es nicht, die kleinen Kulturgegenstände lohnen sich nicht, ein Vorhang, ein Parkett, die Andeutung eines Baumes genügt, und dies alles wird absichtlich nur skizziert, damit die Figur selbst in voller Schärfe herauskommt. Eine ungemein sichere Technik hilft ihm. Wie Beardsley nie eine Figur so zeichnete, wie sie ihm das Leben darbot, hat Nicholson nie eine Figur gezeichnet, die nicht genau dem Leben entspräche. Niemand kann ein Pferd, die Bewegung einer Hand mit der Peitsche, das Glänzen der Radspeichen im Rollen, den Criketwurf, den Armbrustschuß, die Ruhe des Angelns, die Heftigkeit der Boxer kürzer und überzeugender wiedergeben. Wenn je die alten Gegensätze, die einfachen Begriffe objektiv und subjektiv auf zwei Künstler paßten, so sind es Nicholson und Beardsley, die prägnantesten der englischen Gegenwart.

London ist eine uniforme Stadt gegen Paris. Es gibt

## PERSÖNLICHES

dort die beiden großen Parteien der Geldmenschen, die sich im Sport erholen, und der Reaktionäre gegen den Merkantilismus, die zarte präraffaelitische Neigungen haben. Dazwischen sind wenig Typen, und die Künstler haben wenig Gelegenheit zu studieren. Die Stadt ist nicht malerisch, alles Interesse ist in die vier heimatlichen Wände gebannt. Paris ist bunter. Hier gibt die Stadt täglich ein neues Schauspiel, und die Menschen führen täglich eine neue Komödie auf. Jeder Straßenausschnitt, jede Menschengruppe, jede Bewegung und jedes Hindernis hat seine Reize. Und so viel Akteure in diesem Schauspiel sind, so viel Künstler dafür. Die Mappe der französischen Zeichner ist mannigfaltiger als die der englischen, weil wenig Träumer dabei sind, wie etwa Carlos Schwabe, und mehr Beobachter. Die reinen Beobachter haben ihre hübschen spezialen Gebiete, und die Satiriker haben ihren großen und freien Stil. Entzückend gibt der Stift eines Bontet de Monvel die Konturen französischer Kinder wieder, lebensprühend hält Raffaellis Feder die Typen von Paris fest, vor allem die alten Männer, die Stiefelputzer und Träger und die Invaliden. Aber die meisten von ihnen denken doch in ihren Zeichnungen an die Bilder, in denen sie sie verwenden. Reine Zeichner ausgeprägter Individualität bleiben Steinlen, Forain, Caran d'Ache, Vallotton. Steinlen ist von ihnen am wenigsten Karikaturist, ja er ist fast Lyriker. Er beobachtet das Leben der Straße als eine Sammlung kleiner netter Ereignisse, kleiner Chansons. Jede seiner Zeichnungen, die meist in Lithographie reproduziert werden, ist ein Gedichtchen derben oder süßen Inhalts, aber immer stofflich mindestens ebenso wichtig wie zeichnerisch. Die Straßensänger, die mit ihren blöden Gesichtern die l'Ile des Baisers singen, das Weibchen auf dem Kanapee mit der Katze spielend, während hinten der Mann auf dem Pianino spielt (das Blatt hat den hübschen Titel Quand nous serons vieux), ein Interieur mit zwei Provinzlerinnen, Figuren vom Montmartre (Bibi la Purée), Straßenprügeleien, Typen der Straße und des Marktes vereinigt, Putzmacherinnen, Dienstmädchen, die bei der Laterne ihr Briefchen lesen — das ist die Skala seiner Stoffe. Seine Technik ist spielend. Er hat sich einen leichten Strich von links nach rechts angewöhnt, mit dem er bald kräftiger, bald leiser über die Formen wegstreicht und luftige Töne, besonders zarte Hintergründe, erreicht, die in der lithographischen Wiedergabe nichts von ihrer Weichheit verlieren. Vielleicht kommt die Verschiedenheit der Naturelle nie so gut heraus, als wenn sie für eine bestimmte Aufgabe in ungewollter Konkurrenz engagiert werden. Man beobachte und vergleiche Notentitel. Steinlen illustriert eine Sammlung Monmartre-Chansons mit einem vergnügten Zug seiner Straßensängerinnen. Cheret zeichnet zu einem Liede „l'Ile heureuse" einen Titel mit einer Colombine und einer Colombinette mit Balleteusenwäldchen und mit einigen Pierrots ganz im feschen und auf ein paar Farben keck berechneten Genre seiner genialen Plakate. Rivière, der Künstler der Silhouetten und Schattenspiele, entwirft als Schmuck des „Enfant prodigue" oder „Marche à l'étoile" oder „Claire de lune" seltsam phantastische Landschaften, in denen sich Gruppen von Bäumen oder leuchtende Städte gegen die Nacht oder

STEINLEN

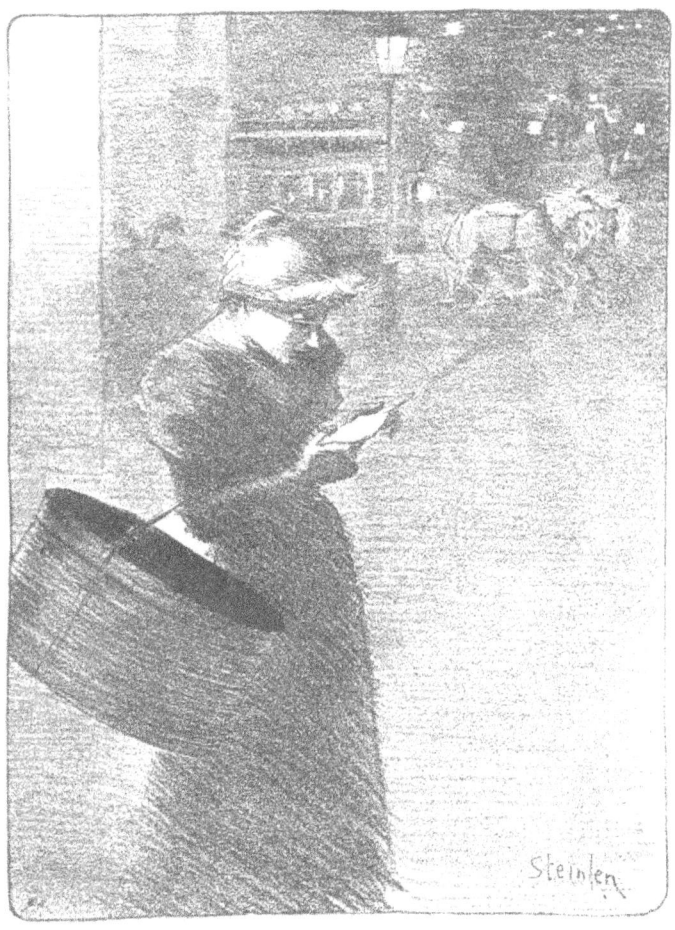

DER BRIEF

Segelboote nur in jenen feinen Tonintervallen voneinander abheben, deren er Meister ist. Georges Auriol, den wir oben als Monogrammkünstler kennen lernten, bindet eine Sammlung altfranzösicher Chansons in ein paradiesisches Stück Natur, eine Waldwiese, auf der botticellische Jungfrauen gehen, die ihre Notenblätter auf die Äste schöngeschwungener Stämme legen. Und ein träumerischer Deutscher, Melchior Lechter, der Wiedererwecker gotischer Interieurs und mystisch-mittelalterlicher Ornamentalkunst, schmückt die Lieder Ansorges nach Texten Stefan Georges mit dem großen stilisierten gotischen Rosenbusch, der in einem verschlossenen Gehege wächst und unter dessen Schatten heilige Jungfrauen mit Dichten und Musizieren sich ergötzen.

Forain ist ein ganz anderes Temperament wie Steinlen. Er ist Ironiker, und nichts ist ihm heilig. Wenn er eine Straßenszene schildert, so ist keine Lyrik darin, sondern Spaß. Selbst über Agitatoren weiß er zu scherzen, indem er die Komik ihrer Bewegung vor einen Hintergrund mit rauchenden Schornsteinen stellt und der zuhörenden Masse einen möglichst stupiden Ausdruck gibt. Seine Lebemänner sind in der ganzen Hohlheit ihres Berufes dargestellt. Die Chambre Separée-Szenen mit den Kellnern werden zu einer Parodie auf das Glück. Die Virtuosität seiner Technik beruht im Witz der Linie. Steinlen streicht über die Formen, Forain betont sie. Das Gesicht läßt er gern ohne tiefere Modellierung, um mit ein paar charakteristischen Zügen den Ausdruck hineinzusetzen, und er liebt die Tusche, um kräftige Akzente zu erzielen. Steinlen sitzt mit seinen lieben Leuten im

Omnibus oder auf der Bank, Forain spricht nicht mit ihnen, er momentphotographiert sie in ihren Villen, in ihren Exkursionen, im Vorderhaus, im Hinterhaus und gibt das grausame Drama, das sich in wenig Strichen, wenig Schatten, im Fall eines Mantels, im Neigen eines Kopfes ausspricht, lächelnd an die Öffentlichkeit. Der Bohèmegeist, der die Pierrotzeichnungen eines Willette durchzieht, der leichte Übermut in den mondänen Schilderungen des Renouard und Daniel Vierge, die Eleganz der Helleuschen Damen, das existiert nicht für ihn, wenn er nicht ein blutiges Wort dazu zu sprechen hat. Seine Balletteusen sind so wenig himmlisch, wie man sie hinter den Kulissen sieht, wo sie von dicken Roués umworben werden. Seine Soupers sind nicht in flimmerndes Licht getaucht, sondern da handelt es sich nur um die Dame, die ihren Abend durchgesetzt hat und zunächst steif in den Handspiegel blickt, während der Herr etwas übereifrig und seiner Pflichten bewußt die Weinkarte studiert und der Kellner leicht grinsend am Tisch steht, die gekrümmten Finger auf die Kante legend. Forain wirkt immer durch die Einzelfigur, wie sein berühmter Kollege Caran d'Ache immer durch den Gegensatz der Masse und des einzelnen wirkt. Caran d'Aches Soldatenzeichnungen sind am interessantesten, wenn er einen Führer und seine Masse so gruppiert, daß sie den Hintergrund bildet. Überhaupt ist die Bewegung größerer Menschenabteilungen seine Spezialität, während er sonst oft in seinen Blättern sich nicht über eine mosaikartige Witzsammlung erhebt, wie sie bei uns etwa Gehrts zeichnete oder jetzt Kaulbach, wenn er lustig wird.

## PERSÖNLICHES

Der geistvollste und tiefste aller französischen Zeichner ist Felix Vallotton, der sich hauptsächlich durch Holzschnitte von eigentümlich kontrastreicher Technik bekannt gemacht hat. Da die Wirkungen des Holzschnittes, wenn er Teil eines größeren gedruckten Werkes bleibt, in der starken Hervorhebung aller Platteneigenschaften bestehen, aller Lichter und Schatten ohne irgend einen Mittelton, so hat Vallotton aus den Bedingungen dieser Technik eine Charakteristik von Menschen und Ereignissen geschaffen, die auch innerlich solche Kontraste von Licht und Schatten zeigt. Er hat die Witze geschildert, die in der Tragikomödie des Lebens ganz von selbst entstehen, die Grotesken unserer Bewegungen, die Bizarrerien eines plötzlich erfaßten Moments, die Geheimnisse, die ein schnell laufender Lichtstrahl verrät, die Menschlichkeiten, die sich im Bau eines Gesichtes feilbieten, die Launen irgend welcher Arabesken und jene Linie, die um unser Leben läuft, halb pathetisch, halb komisch, ebenso feierlich wie lächerlich.

Die Galerie seiner Porträts sind meist Physiognomien, die durch die Gegensätze von Licht und Schatten zu ganz scharfer Sprache gebracht werden. Wie Gesichter, die aus dem Jenseits noch einmal aufleuchten, so wie sie uns als Charaktere im Gedächtnis blieben. Nicht überall gelingt das Experiment. Hier sehen wir das Leidensgesicht von Puvis de Chavannes, dem verstorbenen klassizistischen Maler, dort die Geisterphysiognomien Edgar Poes, des mystischen amerikanischen Dichters, dann das verkommene Antlitz von Verlaine, auf dem einige Linien wie in Raserei laufen, um die Züge des Ge-

## MODERNE ZEICHENKUNST

sichts festzustellen, und Dostojewskys Märtyrerkopf, wie eine Vision ganz hell, ohne Halsansatz, ohne jede Körperlichkeit aus dem Dunkel hervorleuchtend.

Die größeren Kompositionen sehen wie Vignetten des Lebensbuches aus. Wie Vallotton unter Umständen kleine Vignetten und Randleisten zeichnete, die aus der Disposition zweier Körper, aus dem Parallelismus von Vögeln ein Ornament bildeten, das zu einem Drucktypus erstarrte und in verschiedensten Formen, sich stets wiederholend, geschnitten wurde, so ist seine ganze Kunst ein Vignettieren des Lebens, ein Stilisieren seiner Freuden und Schmerzen zu einem Cliché, das man uns auf den Grabstein abdrückt. Er sammelt seine Beobachtungen unter dem Gesichtspunkt Schwarz und Weiß, und er übersetzt die Ereignisse in diese Sprache zweier Farben, die, weil sie in ewigem Kampf miteinander liegen, das Symbol auch unserer Kämpfe werden. Dunkel und Licht sind die Reiche, aus denen er seine Charaktere holt, um in der scharfen Absetzung ihrer Linien uns das Schattenbild des Lebens zu geben.

Die „Faulheit" ist ein weißes, über gemusterte Decken hingeworfenes Weib, das mit einer Katze spielt: welche Ironie liegt in diesen sorgsam verschiedenartigen Mustern, die den Schematismus des Luxus, den Fleiß des Meublements zeichnen, auf dem wir faulenzen. Das „Geständnis" ist eine Szene zwischen zwei schwarzen Menschen, die aus dem schwarzen Schatten herauswachsen, auf einem geblümten Sofa, unter nickenden Palmen, die ihre Finger herunterstrecken. Der „Poker" zeigt im tiefsten Schwarz einige weiße Gesichter und weiße Leuchter,

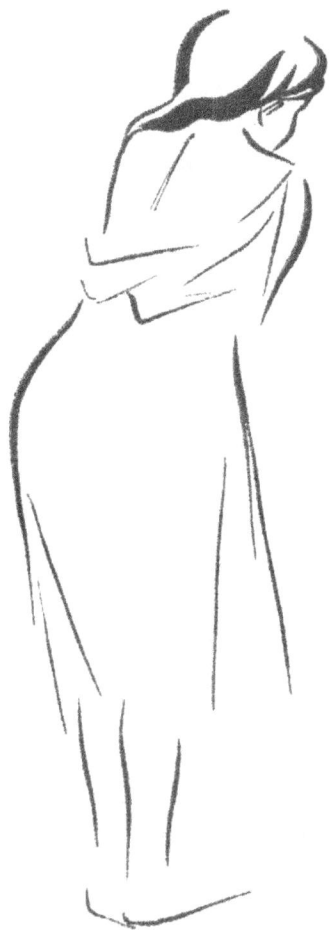

EIN MÄDCHEN
(Federzeichnung)

## PERSÖNLICHES

eine Tischplatte und von hinten gesehen den Rücken eines Spielers, der nur von weißen Lichträndern umflossen ist. Oder die plötzlichen Bewegungen einer vom Sturm überraschten Menge oder einer öffentlichen Kundgebung werden geschildert in ihrer ganzen drolligen Unrhythmik. Dann sind wir in einem Putzgeschäft, wo die Stöcke der Hüte um die Wette Parade machen mit den Menschen, oder in einem Modebazar, wo die jungen Leute so komisch die Stoffe über ihre Arme werfen und die Kunden Kennerstellungen einnehmen oder die Köpfe eines dieser jungen Männer und der Kundin zusammenschlagen, wenn sie den Preis in der Ecke des Tuchstückes suchen. Dann geht es auf die Straße: wir sind Zeugen einer einfachen Szene, wie eine Dame von zwei Herren begleitet zur Nacht in den Wagen steigt. Die Dame ist ein weißer Fleck, die Herren Punkte im Dunkel, der Wagen eine Kombination von Lichtreflexen an den Rädern und Türen. Nichts ist körperlich, alles nur Grenzen von Dunkel und Licht. Dann geht es ins Theater. Ein patriotisches Lied wird gesungen, wir blicken über die Riesenbrüstung der Galerie in die Versammlung unzähliger heller Köpfe, die in den verschiedensten Stadien der Begeisterung geschildert sind. Oder endlich vollzieht sich ein großes tragikomisches Drama in mehreren Blättern. Zuerst der Mord: ein Zimmer mit ganz dünnen gradlinigen Möbeln, ein schwarzer Mensch mit gezücktem Messer taucht in das Bett unter, die weiße Hand hebt sich hoch. Zweiter Akt: die Hinrichtung — der Vorgang, in schwarze und weiße Kontraste zerlegt, von einer Eskadron Soldaten bewacht, die wie Gespenster aus dem Finsteren aufleuchten.

Es folgt: die Absolution. Kirchenszene, eine Reihe stehender Menschen von hinten gesehen, nur Lichtlinien um die Röcke. Darauf: das Herabtragen des Sarges. Ein Stück von grausiger Komik, wie die sechs Träger sich auf der engen Treppe bemühen. Weiter: das Hinaufstoßen des Sarges unter öffentlicher Volksversammlung. Wieder eine schmerzliche Groteske der mühsamen Schiebebewegungen dieser schwarzen Menschen vor dem weißen Volk. Intermezzo: die kahle Mauer der Verbrecher auf dem Kirchhof, absolute Nüchternheit. Endlich ein Kapitalstück: das Hinablassen des Sarges, die Roheit der Kerle, nur der eine hat einen gemütvoll schiefen Kopf aufgesetzt, die beklagende Miene des Geistlichen und der Spitzen der Verwandtschaft, die in Reih und Glied stehen; zwei ganz gleiche Trauerweiber, wie schwarze Bäume, an welche Taschentücher gehängt sind, und hinten wirklich solche schwarze Bäume, trauertriefende Cypressen, die dies grausam-komische Klagelied in die Ewigkeit austönen. Nur der Augenschein überzeugt, mit welcher Genialität Vallotton die Kombinationen seiner dunklen und hellen Flecken bewerkstelligt, wie er durch die einen die anderen hebt und die Grenzen so anlegt, daß wir in den lichten wie in den schwarzen Massen bloß durch das angereizte Spiel unserer Phantasie die einzelnen Körper von einander loslösen, als ob sie in scharfer Modellierung vor uns ständen.

Recnizek, Thöny und Heine sind zurzeit unter den Deutschen die markantesten Zeichner neben vielen liebenswürdigen Talenten wie Caspari, Engl, Georgi, Heilemann, Schulz, Wilke oder stilisierenden Geschmacks-

## PERSÖNLICHES

künstlern wie Sattler, der die scharfe Manier altdeutscher Linie wieder belebte, oder Lechter, der die Gotik zu seinem Prinzip machte. Deutsche Zeichner stellen eine Kombination Londoner und Pariser Erfahrungen dar. Die Beobachtung der Straße, wie sie Phil May in England, Steinlen in Paris zu ihrer Aufgabe machen, wird in Deutschland dezentralisiert, da die Unterschiede des Südens und Nordens zu groß sind. Baluschek, Zille, Edel haben sich zu Berliner Zeichnern herausgebildet, jene für die Vorstadt, dieser für den Westen. Edel hat in seinen Plakaten und gelegentlichen Karikaturen, die er auf Bauzäunen anbringt, seine gute Pariser Schule verraten, und nicht minder sind die Münchener in Paris, Heine auch in London zur Schule gegangen. In Karlsruhe ist man sehr landschaftlich gestimmt, in Berlin wird man amerikanisch, in München macht man Witze über Berlin, im Schwarzwald führt Thoma seinen didaktischen Stift für Volkslithographien — eine Zeichenkultur gibt es nicht, weil der Stoff dafür nicht konzentriert ist. Der Zeichenstift sucht gern eine bestimmte Ansammlung charakteristischer Menschen und Dinge, wenn er Lebensbilder entwerfen soll. Er hat in Paris seine modernen Ziele gefunden, weil dort auf engem Raume die Vielgestaltigkeit des Lebens zusammenströmt. Der deutsche Zeichner, der sich auf Berlin beschränkt, bleibt in München uninteressant, und will er nicht bloß Linien ziehen und Bewegungswitze oder harmlose nette Satiren machen wie der famose Eugen Kirchner, sondern mit den Linien ein Stück Weltanschauung geben, so muß er sich auf die allgemeinen deutschen Kulturangelegenheiten beschränken, soweit sie in

München und Weimar und Berlin gleich wichtig sind. Darunter versteht man die sozialen Gegensätze, oder die Angst vor dem Militarismus, oder die Stellung zur Monarchie, oder das Zentrum, oder das Verhältnis zum Ausland. Solche Dinge spielen in unserer Karikatur die Hauptrolle, weil nur sie überall in Deutschland, wenigstens in den Städten, das gleiche Gesicht haben. Es ist die parlamentarische Bindung unseres Volkes in der Kunst. Daneben sind allgemein-poetische Angelegenheiten oder internationale Ehewitze oder sonstige literarische Etüden stets von geringerer Bedeutung gewesen. In anderen Staaten ist die Karikatur immer mehr mit dem Leben im Zusammenhang geblieben als bei uns, weil sie ihren Bezirk hatte mit reellen Menschen. Bei uns muß man mehr Typen als Menschen persiflieren, und nichts artet leichter zur Schablone, zur Tradition aus, zum bloßen Begriff. Im Augenblick steht es günstig, weil die jungen Münchener Zeichner, die ihre Pariser Schule haben und vom Hohn auf die sittliche Weltordnung Deutschlands zehren, Technik und Stoff fanden für eine Satire, die mit dem Leben geht. Von jenen drei Koryphäen, die einen persönlichen Stil besitzen, hat sich Recnizek das mondäne Leben ausgewählt. Thöny Offiziere und Rennen. Heine die soziale Lage im Öffentlichen und Privaten.

Recnizek ist der traditionellste der drei. Sein eigentlicher Vorzug besteht in dem ungewöhnlich malerischen Sinn, den er als Zeichner bewährt, während seine Bilder selbst nichts davon haben. Er ist eine von den Skizzier-Naturen, die eine außerordentliche Fähigkeit zeigen, nur dekorativ einige Töne nebeneinander zu

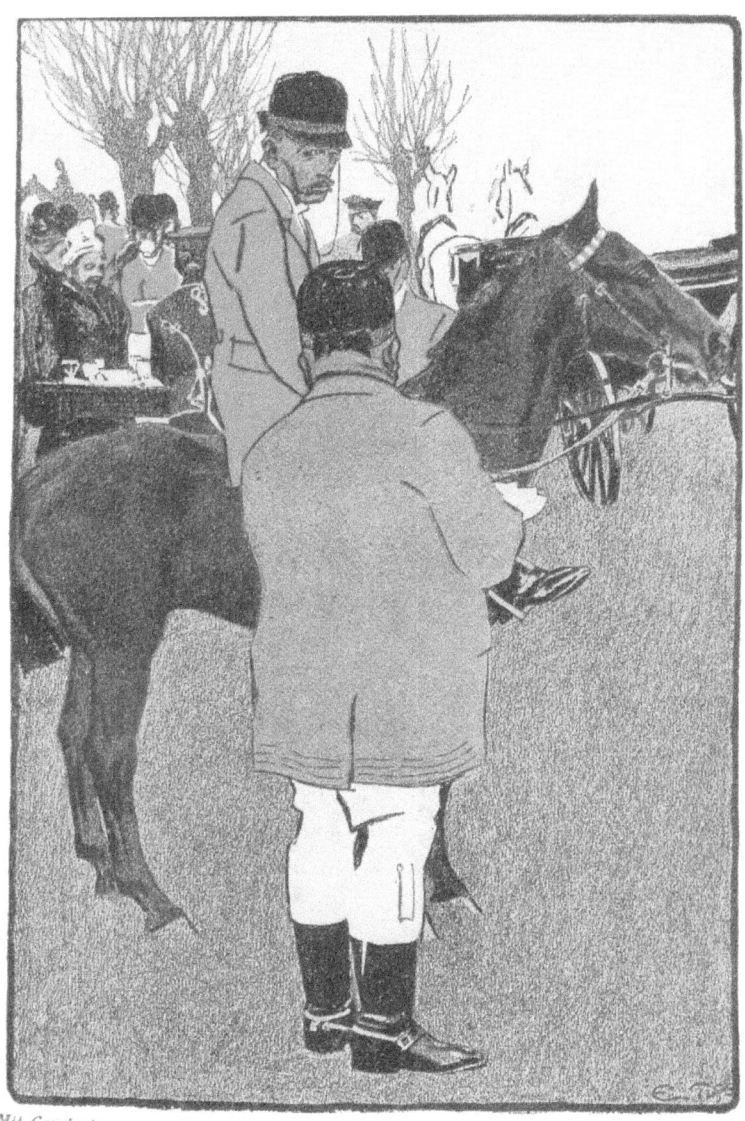

Mit Genehmigung von Albert Langen, München
EDUARD THÖNY: BEIM RENNEN

# PERSÖNLICHES

setzen, um damit nicht bloß die Illusion der Wirklichkeit, sondern ein rein koloristisch angenehmes Stück Papier dem Auge zu bieten. Recnizek hat Interieurs geschaffen mit jenem Spiel von Gardinen, Paravents, Toilettentischen im Hintergrunde, die in unnachahmlicher Delikatesse weiche Valeurs ineinander spielen lassen und das Gewebe zarter Innenstimmungen vortäuschen. Die Figuren selbst sind bei ihm nicht immer von diesem malerischen Reiz, oft zeigen sie eine ängstliche Bestimmtheit in der Durchführung, die mit dem Arrangement der umgebenden Dinge stilistisch nicht recht zusammengehen will.

Recnizeks Welt ist die Vornehmheit, die wirkliche und die scheinbare. Intendanten, die sich um schöne Schauspielerinnen bemühen, Unterhandlungen zwischen Roués beiderlei Geschlechts, das Parfüm des Brettls, allerlei Ehewitze und Weisheiten alter Junggesellen, Rivierareisen mit unangebrachten sozialen Betrachtungen, Hochzeitsreisende und ihre Intermezzi mit grinsenden Kellnern, Tennis und Radeln, alles was so in den intimen Chambres geredet wird und Naivetäten der höheren Töchter, perverse Liebschaften und entzückende Gemeinheiten — er findet kein Ende darin. So oft auch der niedliche Lockenkopf seines Mädchens wiederkehrt, er weiß stets eine neue Nuance, eine neue Variation. Den Gesichtsausdruck beherrscht er wie ein Meister, eine kleine Falte unter dem Auge, ein leichtes Ziehen des Mundwinkels macht ganze Situationen. Mit vollendeter Sicherheit tupft er alle die milieumachenden Einzelheiten hin, nur so weit sie in Erscheinung zu treten brauchen. Die großen Blumen der Tapeten, die karrierte Bluse des Zimmermädchens, der Kopf der schlafenden Frau im leuchtenden Weiß der Kissen, ihre zart umrissene Hand, der Knauf des Messingbettes, aus allem macht er eine feine und saubere zeichnerische Delikatesse, ein stummes Bonmot, aus deren Reihe sich schließlich sein ganzes Vaudevillestückchen zusammensetzt. Man wird kaum Witz in seinen Arbeiten bemerken, nur Wahrheit. Selten, daß er einmal durch eine Farbenkombination gezwungen wird, einen naheliegenden zeichnerischen Witz nicht fallen zu lassen. Meist ist es der Stoff, die Unterschrift, das Textliche, was die Satire hineinbringt, und seine Schilderung ist nur das stumme Spiel dazu. Ein Herr spricht zu einem Mädchen, das eine Rose am Busen trägt. Recnizek sagt uns gar nicht, was sie sprechen, er zeigt nur die Typen in der Unterhaltung, rein realistisch. Der Textschreiber sagt es: „Wie entzückend die Rose an ihrem Busen duftet!" — „Muß se ooch."

Thöny ist schon bedeutend unliterarischer, absoluter im Zeichnen. Er besitzt vor Bruno Paul den großen Vorzug, daß er nicht in die Karikatur hineinfällt, sondern daß er sie beherrscht. Er zieht nicht unnötig Beine und Arme in die Länge oder läßt seine Figuren Akrobatenkunststücke vollbringen, um ihre Witzigkeit zu erhöhen, sondern er geht von der Beobachtung des Lebens aus, notiert sich die charakteristischen Züge auf den Rennplätzen, in den Kasernenhöfen, in den Kasinos und erhöht sie dann in schärfere Ausdrucksbestimmtheit. Das Milieu, das Malerische, die Welt der kleinen

## PERSÖNLICHES

Dinge spielt bei ihm keine bedeutende Rolle, er beschränkt sich ganz auf die Erscheinung des Menschen, vorzüglich des Gesichts. Er probiert in unendlichen Variationen mit den Gesichtstypen seiner Offiziere und Burschen, Herrenreiter und Rennenbesucher. Er wendet sie ins Profil und nach vorn, wie sich gerade die kleine Aufhöhung der Lippe oder die Pflege des Schnurrbarts oder die Unerbittlichkeit der Augenbraue am besten herausbringen läßt; er behelmt, bemützt sie oder läßt sie barhaupt, je nachdem er sich zum Ausdruck des Gesichts einen besseren Effekt verspricht. In hundert Couplets besingt er sein geliebtes Militär, und immer geistvoller spiegelt sich Kultur, Bildung, Politik und Weltanschauung in ihren Zügen wieder. Eine tiefe Satire durchzieht sein Werk, aber ihr Gift wird wett gemacht durch die souveräne Kunst, mit der hier ein ganzer Stand der Persiflage unterworfen wird.

Thomas Theodor Heine, Deutschlands genialster Zeichner, ist wieder noch unliterarischer als Recnizek und Thöny. Seine Blätter können Texte ertragen, aber sie brauchen sie nicht. Sie sind an sich in der Linie und oft auch in der Farbe witzig genug, und die Witze ihrer Kompositionen sind oft reicher und tiefer als alle Texte, die man darunter schreiben kann. Texte unter Karikaturen können den ganzen Witz enthalten, der von der Zeichnung nur illustriert ist. Sie können einen speziellen Dialog enthalten, zu dem die Zeichnung nur die allgemeinen Typen liefert. Sie können aber auch hinter der Zeichnung zurückbleiben, die durch die Mittel der

## MODERNE ZEICHENKUNST

Graphik viel mehr Ewigkeitshumor aufbieten kann als das begriffliche Wort. Dies ist der Heinesche Fall.

Heine versteht es, Menschen, Häuser, Möbel, Gärten, Tiere, alle lebendigen und toten, beweglichen und unbeweglichen Dinge nach einer komischen Seite auszubilden, die aus ihrem Charakter irgend eine Form, eine Linie zur wesentlichen Erscheinung bringt. Wie bei Vallotton reicht seine Kunst von der Vignette bis zum Bilde. Sein scharfer Geist befähigt ihn, irgend einen Baum, eine Linie des Baches, einer Mauerwindung, eine Wolke, einen Zaun zum Ornament zu bilden, indem er die ornamentale Linie, die in jedem Ding steckt, isoliert. Wenn er ein Buch über die Barrisons illustriert, so entwickelt er aus dem gehobenen Fuß und wirbelnden Kleid ein dekoratives Motiv, das nicht mehr Fuß und Kleid ist und dennoch ihren Rhythmus hat. Er kann mit einer Blume so schäkern, daß er sie in Barock, Rokoko, Empire verwandelt, ohne daß sie es merkt. Er kann eine Terrasse so biegen, daß man aus ihrer Linie das Schloß und des Schlosses Besitzer errät, ohne daß sie vorhanden sind. Er wirft drei Parterregymnastiker so lange herum, bis sie ein schönes Schlußstück bilden und ihre verzerrten Gestalten mit den dankend sich senkenden Zylindern nur noch wie stilisiertes Leben aus den Arabesken uns entgegendämmern. Jedes Stückchen Ornament, das er zeichnet, zeigt die Entstehung durch das Leben. Oft ist es eine in Linien erstarrte Fratze, oft ein unwillig weggeworfener Kranz oder ein Drache, der plötzlich ein Gestell geworden ist — bei niemandem sonst sehen wir dieses Gestaltwerden des Orna-

THOMAS THEODOR HEINE

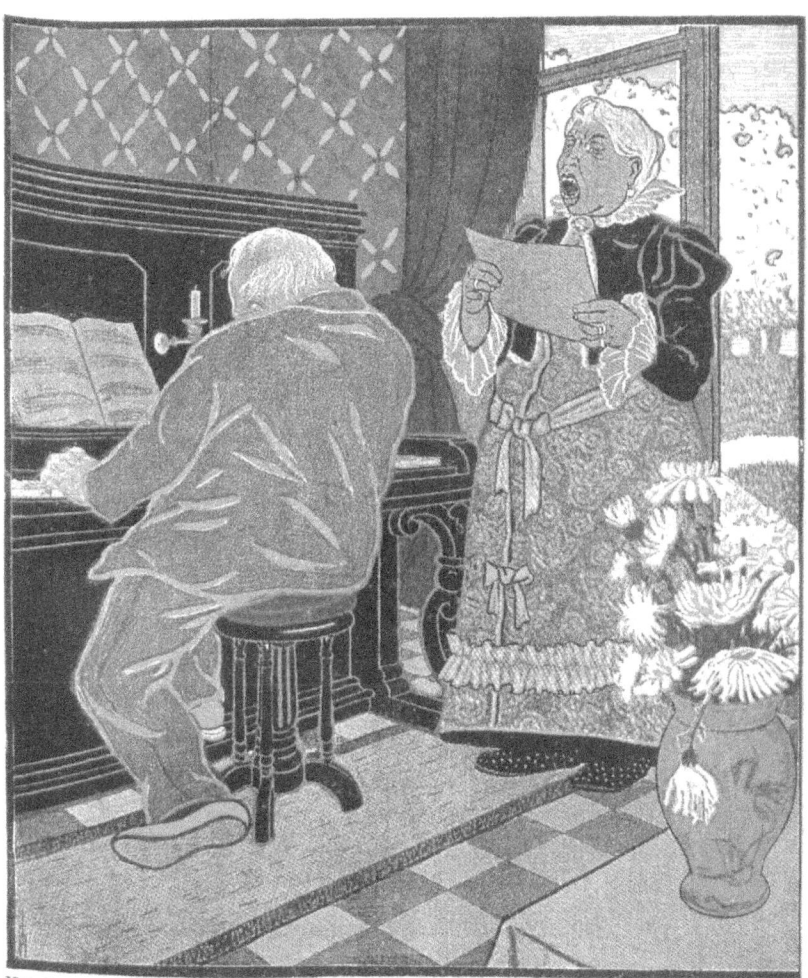

Mit Genehmigung von Albert Langen, München

„STELL AUF DEN TISCH DIE DUFTENDEN RESEDEN"

mentes, diese offenkundige Metamorphose der lebendigen Dinge in die Rhythmik des Dekorativen, diese tückische Laune des Autors, der sich das Dümmste aus der Natur nimmt, um eine Heiligkeit daraus zu machen, oder das Widerwärtigste, um ein Monument daraus zu bauen. Heines Monogramm, diese witzige chinesische Kette seiner drei Buchstaben TTH fügt sich trefflich dazu. Ein Zufall, zur Signatur gestempelt; eine Willkür, mit Emphase ausgesprochen.

Derselbe lebendige Charakter, die Fülle von Empfindung, die Ironie des Zufalls und der Witz der Kulturgeschichte spricht aus dem Milieu seiner größeren Szenen. Er kann kein Haus hinsetzen, keine Mauer, keinen Baum, kein Sofa oder Bett, das nicht in sich selbst ein Spaß wäre. Aus den Gefängnissen werden Riesentonnen von Mauern mit kleinen Löchern. Aus der Renaissancepracht alter Schloßwände wird eine komische Grandezza von schmeichelnd sich biegenden Girlanden, Fensterkreuzen, Türaufsätzen. Aus Oberammergau eine theatralische Welt von furchtbar hohen Bergen mit stolzen antikischen Gestalten, die sehr viel Durst haben. Bei einer Ministerratssitzung laufen mit hündischer Konsequenz gerade und wellige Streifen parallel an der Wand herunter. Die Dächer der Prinzenpalais und die Kommoden der Bürger, die Himmel über den Vorstädten und die Gärten der Sommerfrische, sie ahmen alle die Menschen nach, deren Hintergrund sie bilden, sie kopieren ihre Linien, verzerren sie ins Groteske und geben ihnen ein Echo wie aus der Hölle.

Die Figuren selbst sind unerschöpflich in der Vielseitigkeit ihrer Beziehungen. Sie sind nicht die Träger eines beschränkten oder irgendwie manierten Stils, sondern jede gewinnt aus sich selbst, jedes Stück Gewand aus dem eigenen Dessin, jeder Standesunterschied aus seinen Merkmalen, jede perspektivische Verschiebung aus ihren Bedingungen immer eine eigene Form des Vortrages. Es ist oft gegen alle Erwartung, wie der Künstler für ein neues Motiv wieder eine ganz neue Ausdrucksart findet, wie er durch Gegensätze von Bekleidungsstoffen, durch Modellierung in Lichtlinien, durch die Versetzung einer Szene in ein unvermutetes Kostüm, durch allerlei neckische Details, die er mit großer Wichtigkeit an den unwichtigsten Stellen ausführt, durch irgend eine absonderliche Vortragsart, die einen faden Stoff in interessante Regionen hebt, dem Auge überraschende Reize verschafft. Er kann nicht anders, als die Dinge gleich auf eine Art sehen, wie man sie zeichnen würde, wie man durch Linie und Farbe ihr Wesen zum Ausdruck bringt, und dies gibt seinen Blättern die überzeugende Kraft und das künstlerische Leben. Es ist die vollste Identität des Motivs und der persönlichen Anschauung.

Heines Blätter sind blutige Satiren. Es sind Anklageschriften und Drohungen. Man fühlt, daß der Künstler nicht mit ihnen spielt, daß er sich mit ihnen ausspricht. Keine Lyrik erweicht ihre scharfen Grenzen, keine Resignation stumpft ihre Spitze ab, keine Lebensweisheit mildert ihren Fanatismus. Nur der Cynismus steht über ihnen. Wenn wir den Künstler auf die große Dezimalwage stellen mit ihrem krausen Apparat von

Ketten, Zungen und Gewichten, die viel mehr bedeuten, als sie wiegen, so grinst er auf dieser Wage und macht sich sofort eine Zeichnung des verwickelten Mechanismus, mit dem man seine Bedeutung feststellen will. Seine Feder sticht, sein Stift bohrt, sein Auge verachtet Geschichte und Gegenwart. Sein Wappen ist die böse Bulldogge, deren Ohren aus drei Flecken bestehen, deren Gesicht ein Ornament furioser Linien um zwei fauchende Nasenlöcher ist, die die Kette zerrissen hat und nun wartet, wer sich von ihr anfallen läßt.

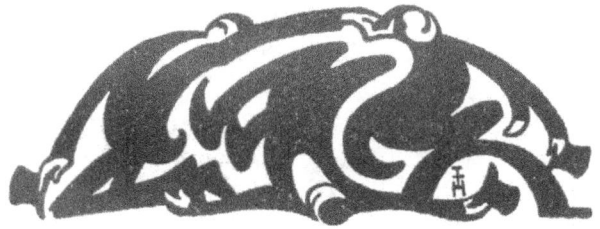

## VERZEICHNIS DER ABBILDUNGEN.

| | |
|---|---|
| *Beardsley, Aubrey:* | Isolde (Titelbild) |
| *Eckmann, Otto:* | Dekorative Zeichnung |
| *Forain,* | Ein Mädchen |
| *Gibson,* | Die Sängerin |
| *Heine, Thomas Theodor:* | Stell auf den Tisch die duftenden Reseden |
| *Klimt, Gustav:* | Mädchenkopf |
| *Lechter, Melchior:* | Titel für 5 Gesänge von C. Ansorge |
| *Leistikow, Walter:* | Waldsee |
| *Liebermann, Max:* | Lesendes Mädchen |
| *Nicholson:* | Frau mit Sack |
| *Sattler, Joseph:* | Der Wunderfärber |
| *Steinlen, Théophil:* | Der Brief |
| *Thöny, Eduard:* | Beim Rennen |
| *Vallotton,* | La Sortie |

Der Abdruck der Abbildungen und der Vignetten erfolgt mit Genehmigung der genannten Künstler sowie der Herren *F. H. Evans, Charles Holme* (Herausgeber des „Studio"), *John Lane* und des Pall Mall Budget.

Deutsche Buch- und Kunstdruckerei G. m. b. H., Zossen

# DIE KUNST
## SAMMLUNG ILLUSTRIERTER MONOGRAPHIEN
*Herausgegeben von*
## RICHARD MUTHER

*Bisher erschienen:*

Band I. LUCAS CRANACH von RICHARD MUTHER
Band II. DIE LUTHERSTADT WITTENBERG von CORNELIUS GURLITT
Band III. BURNE-JONES von MALCOLM BELL
Band IV. MAX KLINGER von FRANZ SERVAES
Band V. AUBREY BEARDSLEY von RUDOLF KLEIN
Band VI. VENEDIG ALS KUNSTSTÄTTE von ALBERT ZACHER
Band VII. EDOUARD MANET UND SEIN KREIS von JUL. MEIER-GRAEFE
Band VIII. DIE RENAISSANCE DER ANTIKE von RICHARD MUTHER
Band IX. LEONARDO DA VINCI von RICHARD MUTHER
Band X. AUGUSTE RODIN von RAINER MARIA RILKE
Band XI. DER MODERNE IMPRESSIONISMUS von JUL. MEIER-GRAEFE
Band XII. WILLIAM HOGARTH von JARNO JESSEN
Band XIII. DER JAPANISCHE FARBENHOLZSCHNITT, Seine Geschichte — Sein Einfluß von FRIEDR. PERZYŃSKI
Band XIV. PRAXITELES von HERMANN UBELL
Band XV. DIE MALER VON MONTMARTRE [Willette, Steinlen, T. Lautrec, Léandre] von ERICH KLOSSOWSKI
Band XVI. BOTTICELLI von EMIL SCHAEFFER
Band XVII. JEAN FRANÇOIS MILLET von RICHARD MUTHER
Band XVIII. ROM ALS KUNSTSTÄTTE von ALBERT ZACHER
Band XIX. JAMES Mc. N. WHISTLER von HANS W. SINGER
Band XX. GIORGIONE von PAUL LANDAU
Band XXI. GIOVANNI SEGANTINI von MAX MARTERSTEIG

*Fortsetzung auf nächster Seite*

BARD, MARQUARDT & CO., BERLIN W. 62.

# DIE KUNST

## SAMMLUNG ILLUSTRIERTER MONOGRAPHIEN

*Herausgegeben von*

## RICHARD MUTHER

*Bisher erschienen ferner:*

Band XXII. DIE WAND UND IHRE KÜNSTLERISCHE BEHANDLUNG von OSCAR BIE
Band XXIII. VELASQUEZ von RICHARD MUTHER
Band XXIV. NÜRNBERG von HERMANN UHDE-BERNAYS
Band XXV. CONSTANTIN MEUNIER v. KARL SCHEFFLER
Band XXVI. ÜBER BAUKUNST von CORNELIUS GURLITT
Band XXVII. HANS THOMA von OTTO JULIUS BIERBAUM
Band XXVIII. PSYCHOLOGIE DER MODE von W. FRED
Band XXIX. FLORENZ UND SEINE KUNST von GEORG BIERMANN
Band XXX. FRANCISCO GOYA von RICHARD MUTHER
Band XXXI. PHIDIAS von HERMANN UBELL
Band XXXII. WORPSWEDE (Hans am Ende, Fritz Mackensen, Otto Modersohn, Fritz Overbeck, Karl Vinnen, Heinrich Vogeler) von HANS BETHGE
Band XXXIII. JEAN HONORÉ FRAGONARD von W. FRED
Band XXXIV. HANDZEICHNUNGEN ALTER MEISTER von OSCAR BIE
Band XXXV. ANDREA DEL SARTO von EMIL SCHAEFFER
Band XXXVI. MODERNE ZEICHENKUNST von OSCAR BIE
Band XXXVII. PARIS von WILHELM UHDE
Band XXXVIII. POMPEJI von EDUARD VON MAYER
Band XXXIX. MORITZ VON SCHWIND v. OTTO GRAUTOFF
Band XL. MICHELAGNIOLO von HANS MACKOWSKY
Band XLI. DANTE GABRIELE ROSSETTI v. H. W. SINGER

*Weitere Bände in Vorbereitung*

*Jeder Band, in künstlerischer Ausstattung mit Kunstbeilagen und Vollbildern in Tonätzung, kartoniert . . . . à Mk. 1.25*
*ganz in Leder gebunden . . . . . . . . . . . à Mk. 2.50*

BARD, MARQUARDT & CO., BERLIN W. 62.

# DIE KUNST

## SAMMLUNG ILLUSTRIERTER MONOGRAPHIEN.

*Herausgegeben von:*
RICHARD MUTHER.

*Unsere Mitarbeiter:*

HERMANN BAHR · MALCOLM BELL · HANS BETHGE · OSCAR BIE · OTTO JULIUS BIERBAUM · GEORG BIERMANN · FRANZ BLEI · E. W. BREDT · W. FRED · OTTO GRAUTOFF · CORNELIUS GURLITT · JARNO JESSEN · RUD. KLEIN · ERICH KLOSSOWSKI PAUL LANDAU · HANS MACKOWSKY · MAX MARTERSTEIG · EDUARD VON MAYER JUL. MEIER-GRAEFE · FRIEDR. PERZYŃSKI RAINER MARIA RILKE · HANS ROSENHAGEN EMIL SCHAEFFER · KARL SCHEFFLER FRANZ SERVAES · HANS W. SINGER · FRITZ STAHL · HERM. UBELL · HERM. UHDE-BERNAYS · WILHELM UHDE · ALB. ZACHER.

BARD, MARQUARDT & CO.
BERLIN W. 62.

# LÜBKE-SEMRAU

## GRUNDRISS DER KUNSTGESCHICHTE

Fünf Bände, jeder Band für sich abgeschlossen und vornehm in blau Ganzleinen gebunden einzeln käuflich

I. **ALTERTUM** 13. Auflage · Mit 411 Textabbildungen und 5 farbigen Tafeln **7 Mark**

II. **MITTELALTER** 13. Auflage · Mit 436 Textabbildungen und 5 farbigen Tafeln **8 Mark**

III. **RENAISSANCE IN ITALIEN UND IM NORDEN** 12. Auflage · Mit 489 Textabbildungen und 8 Tafeln **12 Mark**

IV. **BAROCK UND ROKOKO** 12. Auflage Mit ca. 400 Textabbildungen und 7 Tafeln **8 Mark**

V. **HAACK, XIX. JAHRHUNDERT** Mit 270 Textabbildungen und 5 Tafeln **10 Mark**

Luxusausgabe in grün Leder mit mattgoldener Plakette pro Band Mk. 2,50 mehr

Eine Sonderausgabe von Band V in rot Leinen nach Entwurf von Professor PANKOK gebunden erschien gleichzeitig zu demselben Preise

## PAUL NEFF VERLAG (CARL BÜCHLE) STUTTGART

# DIE LITERATUR
Sammlung illustrierter Einzeldarstellungen
Herausgegeben von
## GEORG BRANDES
*Bisher erschienen:*

Band I Unterhaltungen über literarische Gegenstände von Hugo von Hofmannsthal
Band II Aristoteles von Fritz Mauthner
Band III Die galante Zeit und ihr Ende (Piron, Abbé Galiani, Rétif de la Bretonne, Grimod de la Reynière, Choderlos de Laclos) von Franz Blei
Band IV Maxim Gorki von Hans Ostwald
Band V Die japanische Dichtung von Otto Hauser
Band VI Novalis von Franz Blei
Band VII Selma Lagerlöf von Oscar Levertin
Band VIII Die Kunst der Erzählung von Jakob Wassermann
Band IX Schauspielkunst von Alfred Kerr
Band X Gottfried Keller von Otto Stössl
Band XI Nordische Porträts aus vier Reichen (Bang, Hamsun, Obstfelder, Geijerstam, Aho) von Felix Poppenberg
Band XII Charles Baudelaire von Arthur Holitscher
Band XIII Fünf Silhouetten in einem Rahmen (Bodmer, Wieland, Heinse, Sturz, Moritz) von Franz Blei
Band XIV Richard Wagner als Dichter von Wolfgang Golther
Band XV Das Ballett von Oscar Bie
Band XVI Heinrich von Kleist von Arthur Eloesser
Band XVII Die griechische Tragödie von Hermann Ubell
Band XVIII Theodor Fontane von Josef Ettlinger
Band XIX Annette von Droste-Hülshoff von Gabriele Reuter
Band XX Anatole France von Georg Brandes

*Weitere Bände in Vorbereitung*

*Jeder Band in künstlerischer Ausstattung mit Kunstbeilagen, Faksimiles und Porträts, kartoniert* . . . . . . . . . . Mk. 1.25
*in Leinwand gebunden* . . . . . . . . . . . . . . . . Mk. 1.50
*ganz in echt Pergament gebunden* . . . . . . . . . . . Mk. 2.50

BARD, MARQUARDT & CO., BERLIN W. 62

*Einige Urteile der Presse über*
# DIE LITERATUR
Herausgegeben von
## GEORG BRANDES

*Wilhelm Michel in »Freistatt« vom 20. August 1904:*

„Die Literatur" herausgegeben von Georg Brandes. Ein aphoristisches Zeitalter, in dem wir leben! Ein Zeitalter, das nach pikanten Epigrammen, wie nach seinem Lebensbrot hungrig ist und mit dem grössten Raffinement Persönlichkeit herauskitzelt, wo sie nur immer verborgen liegen mag. Der Aphorismus beherrscht die Philosophie, die pointierte Lyrik die Dichtung, die „short story" die Erzählungskunst, der pikante Einakter das Drama — Persönlichkeit und Epigrammatismus allenthalben, feine gewürzte Kost für den wählerischen Gaumen der Zeit und ihrer Menschen! Was Wunder, wenn diese Zeitströmung sich auch der geschichtlichen Behandlung der Künste bemächtigt? Sie tut es seit Jahren mit sichtlichem Erfolg, sie setzt uns an die Stelle der systematischen Kunstgeschichte die elegante Monographie; sie ist in dem oben angezeigten Unternehmen von Georg Brandes, das wie die Sammlungen „Die Kunst" und „Die Musik" im Verlage Bard, Marquardt & Co. zu Berlin erscheint, gerade daran, auch die schwerfällige Literaturgeschichte in pikante, sehr persönliche Essays aufzulösen, geschmackvolle hors d'œuvres, an denen sich anmutig und unterhaltend gabeln lässt. Wie zeitgemäss der Gedanke sein muss, beweisen die mehr eiligen als geschickten Nachahmungen, die den Editionen des angeführten Verlages von anderer Seite zu teil geworden sind. Welche Vorteile er aber im einzelnen bietet, hat Georg Brandes selbst im Vorwort zu dem eben erschienenen ersten Bändchen der „Literatur" trefflich auseinandergesetzt. Die systematischen Literaturgeschichten, führt er aus, sind niemals Werke aus einem Gusse, weil die Liebe des Verfassers sich unmöglich gleichmässig auf alle darin behandelten Gegenstände verteilen kann. Auf diese Weise entstehen tote, leere Stellen in Menge, Stellen, an denen die Teilnahme des Verfassers erlahmt, die er nur aus Pflicht und Müssen niedergeschrieben hat. Der Essay ist frei von diesem Füllsel. „Der Autor geht hier keine Vernunftehe mit seinem Thema ein." Mit einem Wort: Der Essayist hat unter allen Umständen zu seinem Stoffe ein prägnantes, persönliches Verhältnis, und das gibt seiner Arbeit in allen ihren Teilen Leben, Farbe und Feuer. Wer seinen Stoff liebt, wird auch das meiste aus ihm herausbringen können, denn die Liebe ist nicht nur nicht blind, sie sieht sogar mehr und Schöneres als der Hass oder die kalte Gleichgültigkeit.

*Georg Jacob Wolf in »Münchener Neueste Nachrichten« vom 28. Juli 1904:*

Anschliessend an die beiden vielgerühmten Zyklen „Die Kunst" und „Die Musik" lässt der rührige Verlag Bard, Marquardt & Co. in

Berlin nun eine neue Sammlung illustrierter Monographien „Die Literatur" folgen. Gelang es ihm schon für die früheren Monographienserien in Richard Muther und Richard Strauss anerkannte Oberleiter zu gewinnen, so hat er diesmal einen besonders glücklichen Griff getan, indem er eine Autorität von europäischem Ruf, den genialen dänischen Essayisten Georg Brandes mit der Herausgabe der neuen Bändchen betraute. Dass jede Mittelmässigkeit ferngehalten wird von einer Sammlung, die von einem Mann wie Brandes geleitet wird, liegt auf der Hand. Man wird darum schon um des Herausgebers Namen willen in jedem der schmucken Bändchen eine literarisch wertvolle Gabe erblicken dürfen. Dem ersten Band hat Georg Brandes eine kurze, gehaltvolle Einleitung vorausgeschickt, die in grossen lapidaren Zügen das Programm der „Literatur" entwickelt.

„Das Unpersönliche sollte von dieser Sammlung verbannt sein. Bei aller Gründlichkeit gestattet die moderne Form des Essays der persönlichen Freiheit in der Behandlung des Stoffes viel Spielraum. Wer eine ganze Literaturgeschichte schreibt, kann sich nicht gleichmässig für alle darin vorkommenden Erscheinungen interessieren. Vieles muss darin stehen, weil es dahin gehört, wird aber nicht aus Lust, sondern aus Notwendigkeit dargestellt und beurteilt. Während der Verfasser sich con amore auf die Partien konzentriert, die, seinem Wesen entsprechend, seine Teilnahme in Anspruch nehmen, . . . nimmt er anderes als unvermeidliches Gefüllsel mit, um nicht der Unwissenschaftlichkeit oder der Unvollständigkeit gezichen zu werden. In dem Essay gibt es kein Gefüllsel. Der Autor geht hier keine Vernunftsehe mit seinem Thema ein.

Das sind ein paar Sätze aus dem Programm, das doch zugleich auch kein Programm ist. Denn das will Brandes: unbedingte Persönlichkeit. Und ich sehe darin den besonderen Wert der neuen Sammlung. Nur das nachzusagen, was in hundert Literaturgeschichten und alten Scharteken zu lesen ist, ist keine Kunst. Aber eine dichterische, schöpferische Persönlichkeit, ein literarisches Problem so in sich aufzunehmen, durchzudenken, durchzuleben, so mit seinem eigenen Geist und Herz zu durchtränken, dass es schliesslich ein eigenes Geschöpf, eine eigene Tat wird, das ist die Kunst. Der rezeptive Kritiker, der immer etwas Negatives in der Literatur bedeutet, soll produzierender Schöpfer werden. „Positive Kritik" ist das Schlagwort, das man über die neue Sammlung als Motto schreiben könnte. Gelingt es Georg Brandes, die genügende Schar tüchtiger, ausgereifter Persönlichkeiten in seinen Mitarbeitern zu gewinnen und fügen sich bei aller Individualität in das Programm, das eben wieder Individualität, Individualität der Gesamtheit, bedeutet, so wird sich jeder Freund der Literatur über die neue Sammlung herzlich freuen dürfen.

*»Berliner Tageblatt« vom 5. August 1904:*

„Literatur". Über diesen Titel, der eine Perspektive nach dem Wolkenkuckucksheim weltfremder Caféhausliteratur zu eröffnen scheint, könnte man rechten. Aber der Herausgeber Georg Brandes beugt in seinem feinen Vorwort dieser Auslegung vor und verspricht, dass „das Unpersönliche von dieser Sammlung verbannt sein" soll. Die Durchsetzung des Textes mit Illustrationen, ihre glückliche Auswahl, die vollkommene Art der Reproduktion, überhaupt das Zusammenweben von Inhalt und Schmuck, das alles erzeugt einen überaus sympathischen und im besten Sinne vornehmen Eindruck.

*Dr. Wilhelm von Scholz in »Der Tag« vom 3. August 1904:*

Georg Brandes beginnt unter dem Titel „Die Literatur" eine Reihe literarischer Essays von verschiedenen Verfassern (im Verlage Bard, Marquardt & Co., Berlin) herauszugeben, die der „Kunst" und der „Musik" des gleichen Verlages entspricht. Der erste, mit ganz entzückenden Wiedergaben antiker Plastiken und heroischer Landschaften geschmückte Band bringt „Unterhaltungen über literarische Gegenstände" von Hugo von Hofmannsthal.

*»Hamburger Fremdenblatt« vom 6. August 1904:*

In gleichem Stil und in gleicher Ausstattung wie die bekannten Bändchen, welche unter dem Namen „Die Kunst" erscheinen, gibt die Verlagshandlung Bard, Marquardt & Co., Berlin W. 57, nun auch eine Bibliothek „Die Literatur" heraus. In Georg Brandes, dem berühmten dänischen Schriftsteller, der mit gleicher Kenntnis die heimische wie die deutsche Literatur beherrscht, hat die Verlagshandlung einen Herausgeber gewonnen, dessen Name dafür bürgt, dass wir es durchweg mit ernsten und beachtenswerten Arbeiten zu tun haben. Es handelt sich auch hier um Einzeldarstellungen, welche die „grossen schöpferischen Persönlichkeiten" behandelt, aus deren Leistungen sich der organische Bau unserer Kultur zusammensetzt und weiter ausbildet. Ohne Zweifel wird „Die Literatur" dieselbe freundliche Aufnahme finden wie „Die Kunst", welche sich so schnell in die Gunst des wirklich gebildeten und nachdenklichen Publikums eingebürgert hat.

*»Neue Hamburger Zeitung« vom 13. August 1904:*

Die neue Sammlung von Essays will im Zusammenhang und in innerer Anlehnung an die in demselben Verlage erscheinenden Sammlungen „Die Kunst" (Richard Muther) und „Die Musik" (Richard Strauss) „ein Gesamtbild der Kulturbestrebungen und Anschauungen unserer Zeit in Einzeldarstellungen entwickeln", und neben der Charakteristik der Persönlichkeiten auch die für unsere Kultur wesentlichen ästhetischen Zeitfragen auf dem Gebiet der „Literatur" und des „Theaters", berücksichtigen. Dafür, dass wir nicht bloss ein „Programm" zu sehen bekommen, bürgt der Name Georg Brandes; und die beiden ersten Bände sind ganz dazu angetan, dem neuen Unternehmen starke Sympathien zu sichern.

*»Berliner Morgen-Post« vom 16. Juli 1904:*

Der Verlag hat mit seiner hübschen Sammlung „Die Kunst" so viel Glück gehabt, dass er jetzt eine neue unter dem Sammeltitel: „Die Literatur" folgen lässt. Das Wesen dieser Sammlung ist nicht etwa die Einzelbiographie, sondern der Essay überhaupt. Unsere Zeit hat Geschmack bekommen an kurzen, knappen, interessant geschriebenen Aufsätzen. Bard hat den guten Gedanken gehabt, zu der geschmackvollen Ausstattung auch noch interessanten Bildschmuck, Vignetten, Reproduktionen alter Kupfer und Zeichnungen hinzuzufügen. Das erhöht noch mehr den abgeschlossenen Charakter der Bändchen.

# Reprint Publishing

*FÜR MENSCHEN, DIE AUF ORIGINALE STEHEN.*

Bei diesem Buch handelt es sich um einen Faksimile-Nachdruck der Originalausgabe. Unter einem Faksimile versteht man die mit einem Original in Größe und Ausführung genau übereinstimmende Nachbildung als fotografische oder gescannte Reproduktion.

Faksimile-Ausgaben eröffnen uns die Möglichkeit, in die Bibliothek der geschichtlichen, kulturellen und wissenschaftlichen Vergangenheit der Menschheit einzutreten und neu zu entdecken.

Die Bücher der Faksimile-Edition können Gebrauchsspuren, Anmerkungen, Marginalien und andere Randbemerkungen aufweisen sowie fehlerhafte Seiten, die im Originalband enthalten sind. Diese Spuren der Vergangenheit verweisen auf die historische Reise, die das Buch zurückgelegt hat.

ISBN 978-3-95940-135-7

Faksimile-Nachdruck der Originalausgabe
Copyright © 2015 Reprint Publishing
Alle Rechte vorbehalten.

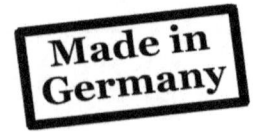

www.reprintpublishing.com

www.ingramcontent.com/pod-product-compliance
Lightning Source LLC
Chambersburg PA
CBHW070301230526
45470CB00002B/677